ME ACOMPANHA?

ME ACOMPANHA?
UM CONVITE AO DESPERTAR

SERGI TORRES

© Sergi Torres Baldó, 2017
Publicado pela primeira vez em espanhol por
Ediciones Urano, S.A.U., Barcelona, 2017.

Coordenação Editorial
Isabel Valle

Tradução
Jane Rech e Eliane Pontalti

Copidesque
Carla Branco

ISBN 978-65-89138-07-5

www.bambualeditora.com.br
conexao@bambualeditora.com.br

SUMÁRIO

7 Prólogo
11 Introdução: Me acompanha?
15 Espaço e tempo: o grande paradoxo em movimento
19 O jardineiro e seu soprador de folhas secas
21 Sinta
25 A consciência que ama tudo
31 Todo mundo quer mudar o mundo
35 Tudo acontece na sua mente
41 O hipnotizante mundo das opiniões
45 O que há de errado em ser como você é?
49 A dor de querer ser uma pessoa melhor
53 Homo universus
57 O porquê das coisas
61 O olhar contemplativo. Ver ou pensar
67 Com o esforço, você conseguirá suar
71 Fazer sem fazer nada
77 Poder
81 Disciplina mental
85 A parábola das lagartas malvadas
87 A constante da relatividade
91 Não toque nas minhas crenças, por favor
95 Respire
99 Permita que as coisas acabem
103 Sim, eu quero me sentir em paz, mas como?

107 Não existe técnica, Neo
111 A lei da atração 2.0
115 O mistério da mente humana
119 O dom de saber receber
125 Comunicando com os outros: um, dois, testando, testando
129 A motivação e o batido de frutas ácidas
133 O suicídio e o acelerador de partículas personalizado
139 Assumir o passado
145 Vaga-lumes na escuridão
149 Se sente medo, faça-o conscientemente
153 O princípio de vida

PRÓLOGO

A cachoeira é beleza silenciosa.
Cego, o ouvido cria o estrondo.

Conheci Sergi há pouco mais de dois anos, na primavera de 2014. Eu estava procurando alguém para a palestra de encerramento do Congresso de Meditação e Terapia que estávamos organizando para outubro daquele ano. Haviam me falado dele, tinham dito que ele lotava o Teatro Regina todos os meses. Vi fragmentos de alguns de seus vídeos e pensei que seria arriscado trazê-lo para o Congresso. Ele não era terapeuta, nem meditava. Adiei a decisão até conversar com ele e ver como ele reagiria a minha proposta.

Consegui seu endereço de e-mail e lhe escrevi, mas ele não respondeu. Então, decidi ir ao Teatro Regina com a intenção de conversar com ele ao final da sua palestra. Tive a sorte de cruzar com ele logo ao entrar no teatro. Expliquei a ele o motivo que havia me levado até lá e ele aceitou o convite na hora.

Com o "trato feito", não seria necessário que eu ficasse para a palestra. Como sempre, eu tinha muito trabalho me esperando no escritório, mas, no breve diálogo que eu acabara de ter com Sergi, algo fez com que eu ficasse para ouvi-lo.

Na palestra ele disparou verdades como golpes, ou socos, eu diria. Pedindo, mesmo, que ninguém acreditasse no que falava; ele quase sugeria que nós não considerássemos feia nossa bendita ignorância. Teceu uma fala soberba, sem dogmatismos nem receitas... Algo insólito. Fiquei impressionado com seu olhar respeitoso e benevolente, com sua humildade ferrenha. Não voltei mais ao Teatro Regina, e mal voltei a falar com ele, mas continuei a acompanhá-lo desde esse dia.

É uma honra para mim que ele tenha me convidado a escrever este prólogo e sei que não espera que eu dê brilho a suas virtudes, porque, estando muito à vista, ele não as considera suas. Sergi quer, como nos diz no título do livro, que nós o acompanhemos. Isso pode confundir, pode parecer a tentativa de um líder para conseguir mais seguidores. Nada mais distante da realidade. Sergi não tenta nos chamar para nenhuma ideologia ou ensinamento novo, nem sequer nos propõe qualquer técnica. Sergi pede que o acompanhemos porque um encontro é algo com mais de um; ele nos pede isso para não abandonar sua experiência de unidade. De alguma forma, Sergi nos pede que participemos de uma farra de amor. Como nos negarmos a isso?

Permitam que eu me explique um pouco mais. Graças a meu trabalho, tenho a sorte de conhecer pessoas que apresentam um notável desenvolvimento da consciência, seres espirituais, sábios, pessoas que estão em contato com fontes de conhecimentos muito preciosos. Por outro lado, também conheço muitas pessoas que conseguiram limpar sua personalidade psicológica de todo traço de neurose. Costumo notar que essas duas conquistas parecem excludentes. Aqueles que demonstram um notável nível de consciência costumam apresentar uma notável negligência na área psicológica, deixando muito à vista suas afinadas arestas neuróticas, e aqueles que lustraram sua dimensão psicológica muitas vezes carecem de perspectiva no plano que transcende suas limitadas realidades singulares. Sergi é uma exceção. Sergi mantém a mesma distância desses dois extremos e engloba ambos. Eu gosto de imaginá-lo no Caminho do Meio do Budismo Theravada, ainda que ele não concordasse. Por sorte, seu frescor e talento o tornam muito mais próximo e simpático que outros mestres que vestem túnica e exibem a cabeça raspada. Porque sim, Sergi é um mestre.

Neste livro, ele expõe, uma após a outra, suas palavras feitas de silêncios, pede que o acompanhemos para que o encontro aconteça e a unidade exploda, ou se manifeste, ou ... (qualquer verbo é inadequado). É quase um convite para uma festa, uma celebração que necessita de massa crítica, em que ele, o anfitrião, ama deliberadamente, com fruição, os seus convidados. E eu aceito, muito agradecido.

Neste livro não se encontram receitas nem atalhos, nem são enumerados os passos para chegar a lugar nenhum. Proponho ao leitor que o leia como se fossem suas próprias palavras; que se dilua nas frases como se fosse ele mesmo que as tivesse pronunciado. Poderia muito bem ser assim, pois somente depende de uma decisão do leitor. Sergi nos convida a tomar essa decisão, desencadeando a rara e preciosa experiência de percebermo-nos tais como verdadeiramente somos e nos colocando frente à evidência de constatar o quanto nós nos desconhecemos.

Advirto o leitor que, acompanhando Sergi desse modo, pode ser que acabe incondicionalmente abraçado àquilo que mais teme, e termine atravessando os espessos muros de medo que construiu para salvaguardar-se. Assim, pode ser que se encontre, pela primeira vez, no outro lado desses muros, *deslumbrado* com tanta beleza.

RAMÓN SALLÉS
DIRETOR GERAL
INSTITUTO GESTALT
BARCELONA

INTRODUÇÃO: ME ACOMPANHA?

> "Abri asas de confiança no espaço e planei pelo infinito, deixando para trás o que outros se esforçavam para ver à distância. Aqui não havia um acima nem um abaixo, nem um limite e nem um centro. Eu vi que o Sol era apenas outra estrela e que as estrelas eram outros sóis, cada um deles escoltado por outras terras como a nossa. A revelação de tal imensidão foi como apaixonar-se."
> Giordano Bruno (1548-1600)

No final do século XVI, o monge dominicano Giordano Bruno teve uma revelação na qual pôde ver além das concepções intelectuais, espirituais e científicas de sua época. Em um contexto no qual não havia liberdade de pensamento e no qual se admitia como fato que a Terra era o centro do universo, Giordano enxergou um reino infinito onde nosso Sol não era mais que um sol entre muitos outros e nossa Terra não era mais que um planeta dentre muitos outros planetas. Giordano terminou sua estada em nosso mundo queimado na fogueira por ser fiel a um conhecimento que desafiava toda uma época. Ele simplesmente havia se enamorado da liberdade.

Todo ser humano, consciente ou inconscientemente, busca paz mental. Esta paz tão desejada só chega a este mundo através de uma mente liberada de suas asfixiantes fronteiras pessoais, que aparentam dar-lhe proteção e segurança. Não é real a segurança que os limites de nossa personalidade oferecem.

Todo ser humano que se pergunte, do mais fundo de seu coração, pela realidade que existe além de sua concepção pessoal das coisas, tem direito a encontrá-la. Tal encontro, no entanto, sempre vai desafiar qualquer concepção humana da classe e da época que seja. De fato, o questionamento, por si só, já é desafiador para nós.

Eu vi um mundo humano no qual apenas se reflete a unidade da consciência universal. Coletivos de pessoas organizados pela natureza de sua unidade, inerente a um universo amoroso. Todos a serviço dos demais e cada um deles em um estado de perfeita realização, sem nenhum traço de medo psicológico. Nesse estado, o amor, a paz e a criatividade são os únicos habitantes da mente, uma mente em perfeito equilíbrio com o coração e um coração que abraça sem medo nossas partes mais básicas e instintivas.

Giordano Bruno disse que *a revelação dessa imensidão foi como apaixonar-se*, porque ele descobriu que o conhecimento e o amor são a mesma coisa. Eis aqui nossa grande ignorância: o conhecimento e o amor são a mesma coisa. É necessário somente um ser humano para despertar sua mente dessa ignorância, e esse ser humano é você mesmo exercendo seu direito de conhecer a verdade que guarda dentro de seu esquecimento.

Quando estou diante de plateias de centenas de pessoas, gosto de propor a seguinte experiência: eu as convido a levantar um braço quando eu contar até três. Peço a elas: "Tenham certeza que vão levantar apenas um braço." Insisto: "Levante somente um braço!". Quando se escuta o três na sala, o erguer do braço de uma pessoa acaba sendo o de todas as centenas de pessoas que estão na sala. Quando um ser humano decide encontrar a paz nele e somente nele, encontra a paz de todos os seres humanos. Porém, raramente somos conscientes da paz que escondemos dentro de nós mesmos, por trás de nossas histórias. Quando alguém me pergunta como conseguir isso, eu respondo: "Não conheço 'o como' mas sim 'o onde'." Me acompanha?

ESPAÇO E TEMPO, O GRANDE PARADOXO EM MOVIMENTO

> O espaço e o tempo são uma miragem
> em que nos habituamos a viver.

Permita-me compartilhar com você uma possibilidade. Esta possibilidade faz parte de minha vivência como ser humano e, se falo muito de minha ignorância, também exponho minha loucura.

Quando eu era jovem, por alguma razão que desconheço, esporadicamente comecei a perceber que o que me rodeava na verdade não estava lá. De repente, comecei a enxergar como se uma textura tivesse se interposto entre os meus olhos e o que eu via.

Atualmente, são muito conhecidos os filtros que colocamos nas nossas fotografias quando as editamos para que fiquem melhores. No caso que menciono no parágrafo anterior, foi como se um filtro para percepção do sutil tivesse sido colocado no meu olhar. O resultado foi que eu enxergava o que sempre havia visto, mas sem a densidade ou materialidade a que eu estava acostumado.

Hoje em dia, sei que o que vivi nesses tempos foi justamente o inverso. Uma camada de densidade havia sido eliminada de meu olhar. Isso me permitiu perceber que a realidade é muito mais sutil e inconsciente do que eu acreditava. Que a realidade que tanto eu havia tocado, cheirado, visto, molhado, enrugado, fugido e inclusive perseguido não era um fato, mas uma imagem em minha mente.

Nesses momentos, pude ser consciente de que isso que eu via, e que chamei de realidade durante tantos anos, era apenas um estado da mente, mas um estado mental mais próximo ao estar dormindo do que ao acordado. Apesar de poder continuar tocando-o e inclusive andando por ele, sua irrealidade era demasiado evidente.

Nós, seres humanos, conseguimos fabricar um estado da mente que nos permite movermo-nos por mundos mentais autofabricados e vivê-los como realidades inquestionáveis. Aqui chegamos à palavra-chave "inquestionáveis". A característica básica desses estados da mente é que a mente que os fabrica não os questiona, porque acredita ser filha desse mundo ao invés de ser sua criadora.

Nesses casos, a pessoa não é consciente de que ela não vive dentro desses mundos, mas que esses mundos é que existem somente dentro dela. Agora imagine por um momento um ser que acredita viver separado do restante. Quando esse ser fabricasse uma realidade, toda ela seria feita com base nessa crença, de modo que todos os seres de sua mesma condição também se perceberiam separados uns dos outros.

Nesse mundo, existiriam muitas versões desse mesmo Ser, mas nenhuma dessas versões seria consciente de ser um mesmo Ser, nem tampouco de sua origem unitária. Não seria difícil, nesse mundo, encontrar duas pessoas, que ao se verem na rua, pensariam que são pessoas diferentes, quando na realidade seriam o mesmo Ser que fabricou esse mundo. Uma vez que essas duas pessoas não teriam mais que seus próprios pensamentos, jamais poderiam compreender a unidade em que se baseia a realidade.

Aqui aparece minha ignorância, pois não sei como tudo isso chega a acontecer. Esqueci a mecânica dos mundos imaginados, como por exemplo o nosso. Inclusive, é possível que eu nunca a tenha conhecido. Mas sim sei que, para que exista um mundo assim, precisamos de uma decisão e que, uma vez tomada, ela se apaga da lembrança. Assim é como se mantém de pé o mundo da imaginação.

É o mesmo quando você sonha e não se lembra que está na cama sonhando. Quando está dentro do sonho, você se transforma em personagem e não se lembra que está na cama sonhando; você esquece o sonhador. Ao não se perceber, o sonhador fica fora de sua realidade. O personagem sonhado não é quem decidiu sonhar e por essa razão não acredita que vive em um mundo sonhado.

Aqui vem minha loucura: sou consciente de que não existo. Tremendo paradoxo! Sergi é o personagem de uma mente adormecida. Sou consciente de que sou um personagem construído com base em ideias mentais de uma mentalidade humana que não existe. É como se ao estar sonhando, de repente, você se dá conta de que está dentro de seu próprio sonho e que, portanto, não existe, que você não é mais do que um personagem criado por uma consciência que está adormecida.

Sabendo isso, comecemos nossa viagem, mas lembre-se de que no fundo trata-se de despertar e não de chegar a algum lugar.

O JARDINEIRO E SEU SOPRADOR DE FOLHAS SECAS

Por que tendemos a buscar a comodidade
se somos filhos da intensidade?

A maioria dos jardineiros e varredores, hoje em dia, usam um aparelho ventilador que sopra tudo que encontra na frente, como o lobo feroz do conto *Os três porquinhos*. Dessa maneira, ele consegue reunir e soprar tudo de uma vez. Numa ocasião, vi como um jardineiro usava um desses aparelhos para se desfazer das folhas secas de um jardim. Nesse caso em particular, as folhas se juntavam e iam, como se fossem um rebanho, até um pequeno caminho de areia fora da propriedade.

Sob a perspectiva do jardim, as folhas já não existem e, portanto, ele foi corretamente limpo. Porém, se ampliarmos a perspectiva para além dos limites do jardim, seremos conscientes das folhas secas que não foram recolhidas e que foram descartadas no caminho de areia.

A maioria das pessoas trata suas emoções e sentimentos da mesma maneira que o jardineiro tratou as folhas secas. Se não gostamos do que sentimos ou se nos incomoda, tratamos de tirá-lo de nossa consciência, escondendo-o e afastando-o para além de seus limites. Desse modo, tornamos nosso inconsciente um depósito emocional de sentimentos e emoções que nunca desaparecem.

Até aqui, mera descrição. O verdadeiramente interessante começa quando um dia o jardineiro, sentindo-se insatisfeito em seu jardim, deseja ir além de seus limites e tenta abrir passagem pelo caminho de areia que já não consegue acessar como antes, devido à grande quantidade de folhas acumuladas ao longo de tanto tempo. Há tantas folhas esperando ser recolhidas que nem sequer se intui onde poderia estar esse lindo caminho de areia.

Quando alguém se atreve a ampliar seus horizontes pessoais, costuma deparar-se com "algo misterioso" que não o permite avançar. Esse "algo misterioso" é o medo de sentir cada uma das emoções que foram evitadas ao longo de toda uma vida. O medo sempre aponta para aquilo que precisa ser atendido para poder continuar avançando, mas, para a nossa "consciência jardineiro", isso torna vulnerável uma de nossas decisões esquecidas: não quero sentir isso!

Sem nos darmos conta, com essa curiosa decisão de não sentir o que sentimos, validamos e fortalecemos nossos limites. Desse modo, nossa personalidade se torna nosso jardim privado (consciente), mas alheia ao "depósito emocional" com o qual nós a cercamos (inconsciente).

SINTA

Aquele que é inteligente emocionalmente vive em paz sem importar que emoção está sentindo.

Existe muita frustração em um grande número de pessoas, porque passamos a maior parte do dia tentando sentir algo diferente do que estamos sentindo e, cedo ou tarde, nos damos conta de que não podemos conseguir isso. O que sentimos agora é o que sentimos agora e o que não sentimos agora é o que não sentimos agora. Será que é por ser tão simples e óbvio que temos dificuldade em aceitar?

Imagine que a mesa de jantar quisesse ser uma cadeira de escritório para se sentir melhor. O que responderíamos à mesa de jantar se ela nos perguntasse: o que posso fazer para me sentir como uma cadeira de escritório? Certamente nós responderíamos: seja o que você é, seja uma mesa. Como a mesa pode saber que sua experiência como mesa não é correta e, por outro lado, que a experiência de cadeira sim o seria? Ela não sabe, mas acredita nisso.

Agora, como eu posso saber que a tristeza não é digna de ser sentida e a alegria sim? E por que divido minhas emoções e, em seguida, as classifico como negativas e positivas para exigir finalmente encontrar paz, felicidade e bem-estar?

Esse tipo de dissociação interna é muito comum na mentalidade humana atual. É muito frequente nos descobrirmos decidindo o que sentir e como sentir, sem levar em conta o que estamos sentindo nesse momento. Julgar o que sentimos e tentar mudar isso por outro sentimento que julgamos melhor parece ser um esporte em escala mundial.

Na realidade, sentir algo incômodo não tem um valor negativo nem tampouco positivo. Por si só, sentir não é bom nem ruim, mas podemos dar a isso um uso criativo. Isso significa que, em lugar de reagirmos, podemos usar isso para descobrirmos nós mesmos como responsáveis por essas emoções e sentimentos.

Porém, sentir é uma das ações mais desastrosas realizadas pelos seres humanos. Sentimos as emoções do mesmo modo desajeitado com que os bebês começam a explorar pela primeira vez a possibilidade de dar dois passos seguidos. A diferença é que as crianças, mesmo caindo repetidas vezes, desfrutam a experiência e nós, os adultos, padecemos.

O que é sentir? Por que nos incomoda tanto sentir algumas coisas? Não sabemos a resposta a estas perguntas e, mesmo assim, valorizamos o que sentimos como se já houvéssemos resolvido nossa ignorância emocional.

Por trás das perguntas anteriores, está a possibilidade de sentir sem medo o que se sente, porque cada emoção, sensação e sentimento se tornam pequenas pedras preciosas que permitem que nos aproximemos de um grande tesouro a ser ainda descoberto. Por trás dessas perguntas, abre-se um belo espaço de investigação no qual podemos descobrir o ser que sente.

Nesse espaço inexplorado, todas e cada uma das emoções, sensações e sentimentos são dignos de serem sentidos. Dentro do uso criativo de nossa capacidade de sentir, o foco recai sobre si mesmo e as emoções se tornam ferramentas de autodescoberta.

Uma vez descoberto quem se é, sentir e ser se unificam de forma natural, dando lugar à presença. Na presença, não se rejeita nada.

Nela, nada do que se sente é projetado sobre outros nem sobre situações. Na presença, o que é sentido não possui causas externas; tudo é contemplado como uma emanação do ser, que se expressa harmoniosamente através de todos os seus níveis de expressão: físico, emocional, mental e energético. Tudo passa a ser uma única expressão que é acessada com a honestidade.

Uma pessoa que vai pela rua e nos olha nos olhos procura essa honestidade, essa integridade do ser para poder reconhecer-se nela. Esse reconhecimento pessoal é a única coisa que nos leva à paz, à aceitação e à verdadeira comunicação.

Quando nos sentimos mal e tentamos nos sentirmos bem sem antes termos aceitado o que estamos sentindo agora, estamos sendo impostores. Além disso, se estamos tentando que outra pessoa ou uma situação nos faça sentir bem, ao colocar o foco lá fora, não vemos que na realidade nos sentimos mal devido a nossa farsa emocional. Um modo de encarar isso é nos questionando: "Qual o problema de eu me sentir como me sinto agora?".

É possível que você responda que é difícil sentir algumas emoções, mas é muito mais difícil evitar nossos sentimentos constantemente por acreditar que eles não são dignos de serem vividos. Acontece que eles não somente são dignos de serem vividos, mas, além disso, esta é a forma na qual eles estão sendo agora.

Acreditamos que se nos abrirmos a sentir de acordo com determinadas emoções ficaremos deprimidos e vamos chafurdar na lama, mas é justamente o contrário. Ao evitá-lo constantemente, na tentativa de fugirmos de nossa experiência, é que perdemos o sentido da vida e acabamos nos deprimindo.

Mantermo-nos em estreita relação com nosso sentir nos permite um grau elevado de honestidade que, à medida em que cresce, transforma-se por si só em humildade. Na humildade, o presente se torna evidente, já que os humildes não vivem sob expectativas nem desejos pessoais sobre como as coisas têm que ser. Tampouco culpam o passado por ter sido como foi. Seu vínculo com a vida desperta porque em lugar de queixar-se e fugir, agradecem e contemplam tudo o que os cerca sem arrogância nem elitismo emocional. Já não se prefere sentir uma coisa ou outra; a vontade agora é de sentir.

A CONSCIÊNCIA QUE AMA TUDO

*Este mundo não existe para que você o mude,
mas para que aprenda a amá-lo.*

O animal que me desperta mais simpatia é a baleia-branca. Faz alguns anos, tive a oportunidade de visitar duas delas em um aquário de uma cidade espanhola. Foi surpreendente para mim descobrir que seus corpos nadavam em círculos seguindo um padrão, mas que suas mentes não estavam ali. Ao que tudo indica, era demais para uns cetáceos cujo habitat é o Ártico viver em um aquário de uma cidade do Mediterrâneo.

Há alguns meses, nos convidaram para um evento em uma ilha do Mediterrâneo. Junto com a equipe organizadora, decidimos realizar duas atividades: uma palestra e um encontro mais extenso. Estimava-se uma audiência de umas trezentas pessoas. O local escolhido por suas caraterísticas para a realização dessas duas atividades foi o auditório do aquário da capital.

Ao cabo de poucos dias após compartilhada a informação sobre o evento, recebemos um e-mail de alguém que, muito amavelmente, nos pedia que mudássemos de local. Essa pessoa nos dizia que um aquário é um lugar de exploração animal e nos comunicou sua incompreensão pelo fato de estarmos realizando um encontro baseado no amor em um lugar onde ele não existe.

Quando senti a decepção e a frustração de ver essas lindas baleias-brancas dentro de um aquário gigante, também fui consciente de como minha mentalidade Sergi buscava desfazer-se de meus sentimentos culpando outros pelo que eu sentia. Pode-se pensar que para manter duas baleias-brancas em um aquário fechado alguém tem que ser muito pouco sensível ao estado de ânimo delas. Mas, ainda que fosse assim, isso não torna esse alguém responsável pela minha experiência diante dessa situação.

Hoje em dia é muito raro encontrar pessoas cuja mente esteja aberta ao amor. O motivo é que parece que nós ainda não estamos dispostos a amar, nem a aceitar o que acontece em nossa vida. Quase ninguém conhece sua própria integridade. Quase ninguém sabe que tudo faz parte de nós mesmos.

A pessoa ou as pessoas que mantêm duas baleias-brancas em um aquário representam uma parte de mim. De fato, é uma parte de você também, sem importar se você é a favor ou contra manter em cativeiro certos animais. Todos fazemos parte da consciência humana, sem exceção. Portanto, todas as decisões que são tomadas pela consciência humana são responsabilidade de todos, inclusive se você pensa o contrário, você pensa através da mesma consciência que nos une a todos.

Voltemos ao aquário em que iríamos realizar o evento. Quando vemos um lugar que carece de amor ou uma pessoa que não é sensível ao amor, estamos vendo uma parte de nós a partir de nossa perspectiva não amorosa. Quando eu me fecho à possibilidade de sentir amor frente à injustiça que vejo, estou apoiando essa injustiça sem me dar conta.

Se eu não me torno sensível à insensibilidade dos demais, estarei participando da insensibilidade. Esta mesma insensibilidade será expressa por uma pessoa que fica feliz por cuidar de duas baleias-brancas em uma piscina e outra pessoa, ao contrário, a expressará em forma de ira quando vir as duas baleias-brancas na piscina. O mais provável, devido à falta de sensibilidade das duas pessoas, é que não assumam seu modo de pensar nem suas emoções e não se juntem para discutir como ajudar as baleias-brancas. Aparentemente, suas opiniões as separam e o mais provável é que se entretenham discutindo e defendendo suas razões. Do interesse pelas baleias-brancas se chega ao interesse pela defesa das ideias de cada um. Chamamos isso, não importa que ideias você defenda, de egoísmo.

Muitos ativistas pensarão então, e com razão, que estar abertos ao amor em certas situações consideradas injustas significa fechar os olhos e fingir que nada está acontecendo e que está bem permitir que tudo siga como está. Mas, no fundo, esse pensamento nada mais é do que uma justificativa para não amar. Amar não tem nada a ver com fechar os olhos; é justamente o contrário, tem a ver com abri-los.

Mahatma Ghandhi acompanhou a população de um país inteiro na abertura de seus olhos reconhecendo sua própria valentia e respeito por si mesma. Mostrou a sua gente o caminho da não-violência, da compaixão e da confiança absoluta na paz. Ele se apoiou nos ditames de seu coração e assim se manteve. Quanto mais o aprisionavam e menos ele reagia diante disso, mais escutado e seguido ele era.

Sei de várias pessoas que em seu passado treinaram golfinhos ou baleias orcas para espetáculos e que hoje em dia difundem uma mensagem de sensibilização para que estes espetáculos acabem. Essas pessoas despertaram para uma sensibilidade baseada no amor. Se você ler a história de alguma delas, verá uma profunda mudança interna. Essa mudança se inicia pelo coração e não pela compreensão intelectual de um argumento "anti-algo".

Não estou dizendo que tenhamos que amar sem condições. Estou dizendo que não fazer isso implica perpetuar uma realidade baseada na ausência de amor. Se você me permite um toque de humor, estamos falando de agir como "São Francisco de Assis". Ele se reconheceu como instrumento dessa consciência absoluta e se colocou à disposição e serviço para ir aonde houvesse ódio e poder reconhecer o amor; ou aonde houvesse ofensa para ver o perdão ou aonde houvesse discórdia, para ver união.

Graças ao fato de ter estado naquele aquário, pude ampliar minha visão e conhecer algumas pessoas que trabalham lá, e cujo empenho é para a conservação da fauna marinha da ilha, bem como seu trabalho de acolhimento de animais como tartarugas marinhas que são resgatadas de redes de pescadores, atendidas e devolvidas ao mar.

Neste mundo de percepções humanas, estamos rodeados de lugares, pessoas e situações onde não se percebe o amor. Todas elas prontas para serem abraçadas pelo coração. Muitas pessoas sensíveis ao sofrimento ainda não descobriram sua própria "casa interna" na hora de transformar sua realidade não-amorosa, oriunda da consciência do amor, e não da raiva e da rejeição. Se eu não reconheço minha casa interna, quando eu sentir raiva, culparei os outros por isso. É por essa razão que odiamos e rejeitamos os que vemos odiar e rejeitar a vida de outros.

O amor ama tudo o que vê porque se reconhece em tudo, sem nenhuma exceção. Amar é tão simples quanto ser. Ser implica sentir e sentir implica assumir o que se sente em tempo real, sem desculpas. Cada vez que nos desculpamos, nós damos às costas para a consciência do amor. Ao fazer isso, vemos um mundo carente de amor, não porque não haja amor, mas porque estamos escolhendo ver sem sua perspectiva amorosa.

A dificuldade que encontramos na hora de amar não é por

ser difícil e sim porque preferimos defender nossos motivos pelos quais não amar. Todavia, o amor ama porque não conhece outra coisa. Nós, por outro lado, sim conhecemos outra coisa, o medo. Alinhar-se com o amor implica em primeiro lugar ser honesto e, em seguida, reconhecer o ódio que sentimos por aqueles que culpamos pelos nossos próprios sentimentos.

A busca por um mundo correto e justo, fora do prisma dessa consciência amorosa é infrutífera. Você sempre encontrará a sua frente alguém que representará o seu oposto, pensando e fazendo o contrário de você. Enquanto você não amar, não conhecerá sua unidade e esse "outro" estará lá para que você possa se lembrar de si.

Toda justificativa para não amar é uma invenção humana que nos evoca mais sofrimento. Eu convido você a parar e a observar onde não está disposto a amar. Que pessoa, atividade social, ideologia ou qualquer coisa que venha a sua mente, você não está aberto a amar. Uma vez que você tenha visto isso, verá todas as suas ideias e opiniões pessoais que justificam sua falta de amor. Essas ideias não vão mudar o mundo que você vê... Vão apoiá-lo.

TODO MUNDO QUER MUDAR O MUNDO

Muitas pessoas têm uma ideia do que é correto, mas muito poucas se questionam se essa ideia é correta.

Alguma vez você teve a sensação de que algo deveria ser de outra forma? Você já sentiu o impulso de mudar algum acontecimento ou pessoa ou, inclusive, o clima? Esses desejos são um dos sintomas de uma desordem mental chamada Síndrome de Percepção Separada (SPS).

Quando se vive sob esse distúrbio mental, não se dá conta disso porque se pensa que aquilo que se vê é exatamente como é. Isso implica também que aquilo que você percebe é percebido sob a crença de que você não é aquilo que você vê. Isso significa que você e aquilo que você vê são coisas diferentes, separadas entre si. Esta maneira de ver não somente não gera nenhuma transformação, como tampouco muda a realidade. Quando muito, essa forma de ver as coisas poderá inventar a sensação de ter criado uma mudança que, em pouco tempo, se descobre que não aconteceu.

Na atualidade, é frequente nos encontrarmos ao longo do dia com inúmeras pessoas e situações suscetíveis de serem mudadas, às quais se costuma chamar de "melhoráveis". Até aqui, nenhum problema. O problema acontece quando alguém sucumbe diante de sua perspectiva separada das coisas e tenta mudar o que percebe a partir do seu próprio modo de pensar distorcido. O conflito que surge ao fazer isso nasce da rejeição do que se percebe, porque é a si mesmo a quem se rejeita.

Percebedor e percebido são um em si mesmo. O conflito deixa de se ver como conflitivo quando se acessa esse lugar da consciência unitária. Nesse ponto, nem seu cônjuge, nem seu vizinho, nem sua ex são o alvo de suas ideias de melhora.

O primeiro passo na transformação acontece quando alguém vê que o que percebe é percebido através de uma lente que divide o que vê. Isso é como aqueles cristais que decompõem um raio de luz em diferentes feixes de luz, vermelha, amarela, violeta, etc. Você se imagina tentado a tornar um pouco mais vermelho o raio de luz azul para que possa tornar-se violeta, simplesmente porque você gosta mais de violeta? Quando alguém abandona sua perspectiva violeta das coisas, pode, então, descobrir que todas as cores são partes da luz branca original e passa a desfrutar de cada um dos diferentes aspectos da mesma coisa.

O mundo que conhecemos, visto sem nos agarrarmos a nossas facetas pessoais, é percebido como um véu que cobre a realidade de um só Ser do qual você e eu fazemos parte integralmente. Cada situação, pessoa ou qualquer coisa que você percebe é vista como uma extensão desse único Ser. Continuamos percebendo diferenças, mas não percebemos diversidade.

"Nada a mudar, tudo por descobrir." Este é o lema de uma mente que, por fim, reconhece sua ignorância e interrompe a intenção arrogante de tentar mudar o mundo que projeta pelo seu modo de pensar separado ou egoísta.

O contrário da unidade é o egoísmo. Assim, quando, por exemplo, vou lutar contra os mal tratadores de animais, sem antes ter-me reconhecido neles, terminarei gerando mais rejeição devido à contribuição de minha própria cota de rejeição. É assim que se expande a forma de pensar egoísta, ao cair na armadilha de sua percepção separada. Distanciando-se de tudo o que percebe, o ego consegue seu tesouro mais precioso, sua exclusividade.

A consciência universal não distingue entre certo ou errado, nem entre bons ou maus. Esta consciência só existe na unidade, e se você age fora dela não significa que esteja trabalhando incorretamente, simplesmente reforça para si mesmo a desunião. Este "para si mesmo" se refere a que você próprio confirma para si mesmo que essa separação cada vez é mais óbvia e que, por isso, os maus são mais maus e que você "parece" ter mais e mais razão.

Se você se sentar um instante para sentir essa razão, vai descobrir a quantidade de sofrimento e ódio que esconde nela. Por não suportar esse sofrimento, você o projeta para fora de si e decora essa projeção com seus motivos, segundo os quais isso que você vê não deveria ser assim. Essa luta com o externo se origina de uma luta interna que grita para ser atendida.

Reconheça que quando sente amor sem condições, você não deseja mudar nada. Nessa circunstância, muitas pessoas, para poder continuar mantendo vigente sua permissão para odiar e renová-la cada vez que ela vence, acreditam que, se deixarem de odiar, também deixarão de querer mudar as coisas e que sem essa vontade de mudança o mundo não avançaria para melhor.

Essa crença é, provavelmente, a mais arrogante da história da nossa espécie. É similar à arrogância que nós adultos vemos nos adolescentes quando estes acreditam que sabem como é a vida e como as coisas têm que ser. Nós, seres humanos, ainda não entramos na pré-adolescência da consciência e, no entanto, nos achamos no direito de tomar decisões que não se originam em nossa sabedoria e nem em nosso amor, mas em nossa confusão e em nosso medo de sentir e de nos reconhecermos como parte íntegra do universo.

Quem, se não alguém que maltrata outro ser, necessita ser amado? E como nós costumamos responder a essas pessoas? Aqueles que maltratam os outros, vivem de costas para o amor e somente amando-os podemos lhes oferecer uma saída honesta ao maltrato. Porém, nós respondemos sem amor porque os julgamos, e nosso julgamento não leva ao amor porque não somos capazes de ver nossa unidade com o que vemos. Então, perdemos a capacidade de poder julgá-los e de poder amá-los porque, ao não nos vermos neles, não podemos enxergar a verdade. Que julgamento correto nós podemos criar a partir de um modo de pensar separado daquilo que julgamos?

Nós nos tornamos adultos e, para muitos, isso implica não estar presentes; implica também viver no mundo de ideias em relação ao que está bem e ao que está mal, e ao que deveria acontecer e o que não deveria acontecer. Agora já sabemos que é muito doloroso pensar que o que acontece não deveria acontecer ou acontecer de outra maneira. Isso é tão doloroso que não o suportamos e o projetamos nos outros. Talvez tenha chegado o momento de voltarmos a ser crianças. Talvez tenha chegado o momento de nos unirmos a tudo e a todos com todo o nosso coração.

TUDO ACONTECE NA SUA MENTE

> Nossa vida não é uma teoria, nem uma técnica, nem uma opinião; é pura consciência, pura experiência.

Nossa experiência de vida nunca nos fala a respeito do outro; sempre nos fala de nós. No momento em que somos conscientes de alguma coisa, isso do qual somos conscientes faz parte de nossa consciência e, portanto, de nós. Fala de nós porque na realidade nós somos tudo, apesar de a maneira que temos de ver as coisas nos diga o contrário.

Permita-me expressar isso com um exemplo prático para que possamos ir mais fundo. Com muito poucas horas de diferença entre si, chegaram a mim dois comentários escritos por duas pessoas diferentes e dirigidos a minha pessoa.

Primeiro comentário:

"Você faz com que as pessoas se esqueçam de viver e vivam escutando as reflexões desnecessárias que faz; você acredita que sabe tudo como se essa fosse a sua décima vida. Você age como uma seita e não ajuda em nada. [...] para você isso é só um negócio, o negócio de fazer acreditar que você se importa com os demais e que talvez possam respeitá-lo. Para mim, você é só um farsante de filosofia barata."

Segundo comentário:

"Para mim, esses cursos new age que surgem aqui e ali parecem uma grande fraude e uma fonte de frustração para as pessoas. Parece que Sergi tenta engrandecer o seu próprio ego em vez de ajudar as pessoas, não é honesto. Parece-me que Sergi sempre diz um monte de besteiras que não se sustentam, mas não deixa de me surpreender que haja tanta gente que o siga. Outro guru da nova era."

No momento em que sou consciente dessas palavras, elas passam a fazer parte de minha consciência. Dito de outra maneira, sou consciente desses dois comentários porque em realidade eles estão em minha consciência. Isso implica que devo estar pensando o mesmo que pensam essas duas pessoas, mas, até o momento de ler essas palavras, eu não era consciente disso. Graças a esses dois comentários recebidos, já posso ver esses pensamentos e assumi-los. O que estava oculto no meu inconsciente foi revelado e agora posso ver com total clareza.

Neste momento, também posso ver que emoções em mim, das quais eu tampouco era consciente, estão vinculadas a esses pensamentos de minha mente. Se sou honesto, verei que a dor que sinto ao ler essas palavras é exatamente a mesma dor que sentem essas pessoas ao expressá-las. Este olhar permite que eu me una a elas ao invés de rejeitá-las e fugir.

Quando chego a esse ponto e somente quando chego a esse ponto, posso deixar de responsabilizar os outros pelo que eu sinto e penso. Agora é possível recuperar o poder que se dispersou, atribuindo aos demais uma responsabilidade que não é deles, uma vez que pertence a você mesmo.

O que foi expressado até aqui não possui muito mérito de minha parte, pois eu não poderia tê-lo feito sem a ajuda dessas duas pessoas que, certamente, sem estarem conscientes disso, ajudaram a liberar-me dessas ideias. Ainda que meu mérito seja muito pequeno, requer uma disposição para querer ver o que se esconde atrás da minha dor ao invés de reagir como fiz durante toda a minha vida.

A partir daqui se coloca em movimento um processo natural, no qual, agora sim, meu mérito é nenhum. É quando o coração se abre e abraça a dor, os pensamentos, a situação e essas duas pessoas. Assim, é como surge o agradecimento. E não me refiro a um agradecimento por suas opiniões, mas sim por sua ajuda.

Essa abertura de coração é um gesto natural que sempre é possível, mas não podemos ser conscientes dele sem antes dar as boas-vindas àquilo que surge de nosso inconsciente.

Se alguém, ao sentir a dor, se nega a querer senti-la, terá que encontrar uma causa externa a si para poder justificar que esta dor não é de sua responsabilidade. Uma vez "encontrado" o motivo, esse alguém vai acreditar cegamente que tem que reagir diante disso para evitar que siga acontecendo. Ao reagir, é interrompido o processo no qual o inconsciente dolorido se faz consciente para ser curado.

Nesse exemplo dos dois comentários, eu poderia reagir de duas maneiras diferentes. A primeira, respondendo a essas pessoas amavelmente, tentando mostrar a elas que estavam equivocadas, ou, a segunda, insultando-as diretamente. As duas reações são uma fuga e só servem para devolver a dor às catacumbas de meu inconsciente. Ao não assumir a energia de minhas emoções, ela retornaria cedo ou tarde acionada talvez por um novo comentário. Essa repetição de certas situações incômodas não se deve a uma maldição misteriosa, mas à bênção da vida que oferece seus recursos para que possamos olhar onde ainda não conseguimos. E, desse modo, conhecer onde ainda não estamos dispostos a amar. Porque, ao final, é disso que se trata, de amar.

Voltemos ao prático. Tudo isso que vimos até agora implica que, de algum lugar em mim também penso que sou um "farsante", que faço "filosofia barata", que falo "um monte de besteiras", mas até esse momento não era consciente desses pensamentos.

Graças a Deus, há um impulso profundo do ser que toma a decisão de que chegou o momento de assumir esse nível de inconsciência e se liberar de ser escravo disso. E aqui vem o magistral da consciência universal. Justamente nesse momento e não em outro, acontecem as situações que têm que acontecer e não outras, para que a pessoa veja e escute em alto e bom som os gritos ainda não escutados de sua própria sombra.

O que expusemos até agora não é uma técnica, nem um exercício, nem uma meditação. É uma decisão. Ninguém pode nos ensinar a tomar essa decisão. Se na realidade os outros não são responsáveis por como nos sentimos frente a seus comentários, tampouco um mestre é o responsável por nos ensinar a tomar essa decisão. A decisão está lá não para ser aprendida, mas para ser tomada.

Muitos pais e mães acreditam que graças a eles seus filhos aprenderam a andar de bicicleta. Porém, muito provavelmente, eles teriam aprendido de modo muito mais natural sem as interferências dos adultos. A decisão de seus filhos de querer aprender a andar de bicicleta é o que lhes permitiu se exporem à aprendizagem e, por fim, aprender. Essa decisão não é "aprendível", só é "decidível".

Quando começamos a decidir viver a prática, é possível que primeiramente pensemos que é muito difícil fazer isso. Em realidade, essa sensação de dificuldade é um autoengano que surge de outra decisão mais poderosa e inconsciente de não querer viver a prática. O que quero dizer com isso: que nós ainda queremos seguir acreditando que os outros são responsáveis pelo que sentimos e que sim, são muito bonitas as ideias espirituais, mas que ainda não estamos dispostos a dar o passo que cabe somente a nós. Ainda tememos a dor o suficiente para não querer assumi-la e assim permitir que ela siga dirigindo nossa vida.

Quando acreditamos que superamos esse autoengano, ele costuma reaparecer, mas de uma forma muito mais dissimulada. Agora, surge em forma de pergunta: Quanto tempo vou ter que ficar assumindo a minha dor para me libertar dela definitivamente? Esta pergunta desloca a atenção da decisão presente para a expectativa de um resultado futuro. Acreditamos estar dispostos a tomar a decisão, mas na realidade não é assim. Por trás dessa pergunta se oculta um interesse pessoal que deseja rejeitar a dor porque continuamos com medo dela.

Veja que o que propusemos e o que a "pergunta dissimulada" apresenta são duas ações completamente distintas, mas igualadas de forma inconsciente para que pareçam a mesma. Querer assumir a dor e perguntar-se por quanto tempo teremos que fazer isso parecem ter o mesmo propósito. Sem embargo, a proposta é assumir a dor para torná-la consciente e a "pergunta dissimulada" continua temendo a dor.

Decidir viver e dar as boas-vindas ao que acontece para nos autodescobrirmos implica presença e honestidade. Porém, esperar que com isso possamos finalmente resolver o inconsciente, implica futuro e expectativas.

Por fim, aprendemos a utilizar nossa mente incisiva, que é aquela que não tem dúvidas quanto a decisão de atravessar as catacumbas mentais e decide ficar no momento presente e enxergar efetivamente o que vê. Isso é tão simples e poderoso que nos dá medo e ao nos dar medo, nos parece difícil, mas quando alguém decide assumir sua integridade, tudo termina em agradecimento, de forma natural.

O HIPNOTIZANTE MUNDO DAS OPINIÕES

Por que eu deveria considerar minhas opiniões se nenhuma delas me diz a verdade?

Alguma vez você já observou, de forma detalhada, o mecanismo da criação de uma opinião? E, sobretudo, você observou os efeitos em si e no que o cerca?

Sabemos que uma opinião é uma interpretação que dá fé a nossa versão dos fatos e não uma descrição confiável da realidade. Apesar disso, usamos as opiniões como ferramentas descritivas, com a intenção de poder compreender o que acontece e, assim, poder dar uma resposta coerente frente a isso.

Essa forma de responder ao mundo através de nosso ponto de vista implica que nossa resposta nunca se ajusta à realidade, mas se ajusta a nossa perspectiva pessoal, perdendo, desse modo, toda a coerência. Outra forma de ver isso seria nos dando conta de que nossas respostas, frente a qualquer situação, são simples repetições de nossa forma de ver as coisas. Assim, nossas decisões e nossos atos são resultado de uma interpretação pessoal prévia de algo que, na realidade, não entendemos e nem conhecemos.

A essa forma de agir chamamos reagir e, ao reagir, ao invés de criar compreensão, o que fazemos é acionar nossa incompreensão.

41

Isso implica um nível nulo de criatividade e um empecilho ao conhecimento.

Uma opinião embaça nosso olhar na hora de conhecer o que acontece diante de nós, e inclusive nubla o olhar interno que nos mostra quem somos. Não somos uma opinião e a vida também não é. Porém, continuamos nos relacionando uns com os outros, convulsivamente, a partir de nossas opiniões. Você adivinha por quê? Porque pensamos que sem elas não poderíamos viver. Chegamos a ser tão arrogantes que pensamos que sem as nossas opiniões esse mundo não teria sentido.

Contudo, imagine desprender-se nesse mesmo momento de todas as opiniões. Você pode intuir seu estado mental? Muitas pessoas ainda não enxergam a paz e a presença que existe por trás de nossa cortina de opiniões. Ainda percebem essa possibilidade "livre de opiniões" como uma séria ameaça à sanidade.

Vinculamos a perda do uso da razão a um caos iminente, sem nos darmos conta de que na realidade isso também é uma opinião. Essa última opinião sobre a perda de opiniões é básica para os "opinadores" (*Homo Sapiens* Opinador), pois sem ela seríamos conscientes de nossa profunda ignorância. Isso nos degradaria de *Homo Sapiens* (homem sábio) a *Homo Insciens* (homem ignorante) e nosso estado evolutivo atual de *Homo Sapiens* Arrogante jamais nos permitiria tal degradação.

Hoje em dia, não saber ainda é um sinal de desprestígio pessoal e de muita insegurança. No entanto, assumir a nossa ignorância nos dá pistas muito claras de onde o conhecimento não está. No mundo hipnotizante das opiniões só existe a intenção infrutífera de converter interpretações imaginadas em fatos verdadeiros.

Uma opinião é um capricho seletivo da mente a qual o usa para formar um ponto de vista e, assim estabelecer a sua própria realidade. A partir da nossa realidade pessoal, damos origem às opiniões e julgamentos que se justificam uns aos outros, dando assim um falso sentido as nossas respostas, comportamentos, atitudes e hábitos. Finalmente, tudo isso é usado para fabricar uma identidade própria chamada "eu sou assim", mas que não se sustenta em nenhuma realidade estável. A essa identidade autofabricada com base em opiniões subjetivas damos o nome de "eu".

O "eu" não é mais do que um mero ponto de vista. Um ponto de vista anedótico rodeado pela vastidão infinita e eterna da consciência. Não é de se estranhar, então, que quando vivemos aferrados ao nosso "eu" isso inclua sentir solidão e isolamento. Não é de estranhar, tampouco, que a partir de nosso "eu" necessitemos ser respeitados, reconhecidos, amados, valorizados. Que sentido tem sustentar e aferrar-se a um ponto de vista que, para poder existir, tem que fazer isso de forma isolada e em contraposição a tudo?

É possível que ao ler essas palavras sua mente já tenha opinado que opinar, então, deve ser mau. Isso, novamente, é uma reação. Também a chamamos de "mais do mesmo", e é no mundo do "mais do mesmo" que vive a maioria das culturas e sociedades dos últimos milhares de anos.

O que expomos aqui, assim como no restante do livro, não tem a intenção de que você opine sobre isso nem de que mude suas opiniões. O que você opina agora não nos interessa nada. Interessa-nos o potencial criativo que você esconde atrás de suas opiniões.

Note que isso não é menosprezo a sua maneira pessoal de pensar. Em realidade, é apreço a seu potencial como Ser Universal. Não é que estejamos menosprezando a palha, mas estamos apreciando o grão, que ao ser uma semente, está convocado a dar frutos.

Dito isso, você pode, se desejar, acompanhar-nos e descobrir seu potencial criativo que está convidado a viajar conscientemente dentro do mundo opinado e torná-lo uma via de transformação profunda.

Observe e você verá. Sem dúvida, verá que, por trás de cada sensação ou emoção que sente, há uma opinião sua que as gerou. Visto isso, pergunte-se se essa opinião a respeito dessa pessoa ou sobre essa situação concreta é totalmente certa. Em seguida, você pode se perguntar: como eu viveria isso que acontece sem a minha opinião? Como eu veria essa pessoa sem a minha opinião?

Observe novamente e você verá também que esse tipo de autoquestionamento desconsidera o que nós opinamos, porque sua atenção está focada na verdade e não em nossa versão da verdade. Veja como tudo o que pensamos tem implícita a sensação de que é verdade pelo simples fato de que nós pensamos isso. Muitos chamam isso de autoconfiança, mas chama-se arrogância.

Esse modo de pensar está na moda há milhares de anos. É estranho porque, apesar de já ter caducado há muito tempo, por alguma razão misteriosa nós continuamos preferindo viver sob esse estilo mental. Isso se deve a sua invisibilidade. A arrogância costuma ser invisível porque ela mesma é um desenfoque e, ao ser um desenfoque, não permite que se veja com clareza. É por isso que nós não sabemos que somos arrogantes. Fascinante, não?

O mais interessante nesse modo arrogante de pensar não é sua falta de foco, mas seu grande potencial de voltar ao foco. Da arrogância até a humildade só há um passo de distância e esse passo é a honestidade. Somente os humildes são conscientes de sua arrogância mental e a aceitam com gosto devido a sua grande honestidade. A honestidade é o final da luta contra si mesmo. A honestidade é o final do medo de ver o que vemos de nós mesmos com esse olhar desfocado.

O QUE HÁ DE ERRADO EM SER COMO VOCÊ É?

Poucos se dão conta de que nossa atenção deve recair sobre a fonte da existência e não sobre a pequena anedota sobre como existir.

Somos uma expressão de amor perfeito que se encontra dentro de umas coordenadas humanas que são temporais. Dentro delas, adoramos ser um "eu", vê-lo evoluir, viver seus processos e, sobretudo, que seja o mais pessoal possível. Curiosamente, por trás desse "eu" a que tanto adoramos e atendemos, existe uma beleza indescritível que todos ansiamos do mais profundo de nosso coração. Essa beleza é relembrada quando você se permite ser você mesmo.

Quando um ser humano se permite ser ele mesmo, de antemão, ele passou a assumir seus medos, suas sombras, seus erros, suas lembranças insatisfeitas e suas solidões não acompanhadas. Tudo isso faz parte dessa beleza invisível.

Agora, permita-me perguntar: quem lhe disse que você tem que ser de outra maneira? E, ainda mais interessante, por que você acreditou que tem que ser de outra maneira?

Nós, seres humanos, vivemos atualmente dentro de um mundo fabricado por imagens mentais que chamamos de histórias e estas, por sua vez, vivem em conflito entre si, dentro de nossa cabeça.

Agora observe, pois aqui vem o *making of* do filme. Primeiro construímos uma imagem de nós mesmos baseada em nossas lembranças e crenças sobre como acreditamos que somos. Chamamos essa imagem mental de "eu sou assim", e uma vez que já está imaginada, atribuímos a ela um status de realidade. Simultaneamente, criamos outra imagem de como acreditamos que deveríamos ser. Essa segunda imagem também é imaginada com base nas mesmas crenças e lembranças com as quais imaginamos a figura anterior, mas chamamos essa nova imagem de "eu queria ser assim". Nós também elevamos essa segunda imaginação à categoria de fatos, mas nesse caso é um fato condicionado, porque aqui o fato é que, quando eu for como gostaria de ser, sei que serei feliz.

Poucas pessoas são conscientes de que os dois "fatos" são espelhados, e que, portanto, não são diferentes entre si. Isso quer dizer que a imagem "eu sou assim" e a imagem "eu queria ser assim" são a mesma em essência. Nós as vemos distintas uma da outra porque as julgamos de forma diferente. A primeira, nós julgamos como uma imagem atual e insatisfatória ou, em alguns casos, indesejável, e a segunda, nós vemos como uma imagem futura, satisfatória e desejável. Porém, sendo honestos, as duas coexistem dentro da mesma cabeça e as duas são imaginadas simultaneamente no momento presente.

Até aqui isso pode parecer um processo de autodesprezo bastante elaborado, mas este processo de fabricação de ficções mentais não termina aqui. Agora vem o toque magistral. O processo termina quando nós mesmos atribuímos a sensação de realidade às duas imagens mentais. Como fazemos isso? Colocando-as em conflito entre si. Como? Não querendo ser a imagem que acredito ser eu e querendo ser aquela que eu acredito não ser ainda. Louquíssimo, não?

Quando damos utilidade e sentido de ação às imaginações, elas passam a ser definitivamente reais. Este último movimento mental é o que nos impede de sair com facilidade dessas dinâmicas das quais parece que somos vítimas, quando na realidade somos sua causa.

Tendo chegado a esse lugar da mente, se você indaga com valentia, descobrirá que, para querer ser uma pessoa melhor e alcançar os ideais sociomorais de hoje em dia, primeiro vai ter que menosprezar sua presença, julgando-se inapropriado, e, em seguida, querer alcançar no futuro uma imagem que você pensa ser melhor. Talvez tenha chegado o momento de não fazer mais isso e de nos libertarmos de nossas próprias fantasias mentais.

Costumamos nos contar a história atroz de que devemos melhorar ou ser de outra maneira, sem levar em conta de onde provém essa vontade de mudança. Como regra geral, o grau de autoescuta não é suficientemente profundo para nos darmos conta da autorrejeição que tal "devemos ser" esconde.

Essa ideia de melhoria costuma nascer de um "não quero ser assim" e este "não quero ser assim" contém muito medo, culpa, solidão e dor. É a partir dessa autorrejeição e automenosprezo que costumamos planejar nossos desejos mais fortes, em nome do progresso e da melhora. Por trás da grande maioria de nossas intenções de melhorar, escondemos nosso desejo de fugir de todo esse cenário interior que descrevemos.

Se, de verdade, queremos viver uma transformação e não uma mudança episódica que nos leve a mais do mesmo, devemos começar a atender a consciência. Ela contém o potencial de transformar tudo aquilo do qual somos conscientes. Isso implica nos abrirmos para aceitar aquilo que vemos em nós para que a consciência possa "tocar" essa imagem. Porém, impedimos esse processo com o hábito da autorrejeição.

O que ocorre quando somos conscientes de algo que não queremos ser conscientes? Acontece que nos tornamos nosso próprio obstáculo, diante de um processo natural, que apenas busca oferecer uma imagem real de nós mesmos demarcada dentro de um contexto universal. Quando não queremos ser conscientes de algo, sem nos darmos conta, nos opomos ao universo inteiro.

Vemos como reagimos diante de certas situações cotidianas, como sofremos por bobagens ou como nos aborrecemos por coisas sem importância, e não queremos ser assim. Inclusive, nem queremos nos equivocar enquanto aprendemos. Chegamos, em algumas ocasiões, a pensar que somos uns desgraçados e tampouco queremos isso. Ao não querer ser assim, decidimos retirar a consciência disso para não vivê-lo e, desta forma, impedimos a transformação natural dessa imagem mental que víamos e, ao retirar nossa consciência, ampliamos nosso campo de inconsciência.

Imagine um estado mental e emocional de um ser vivo que, sendo consciente de si mesmo, usaria essa consciência para se rejeitar. Não queremos ser da maneira que acreditamos ser. Tampouco queremos questionar, nem por um instante, a veracidade de nossa imagem pessoal. Assusta-nos nos darmos conta de que não somos como pensamos que somos.

O que há de mau em ser como você é, se isso que você acredita ser for somente uma imagem na sua mente? Você está disposto a deixar de lutar com sombras, para se centrar em conhecer sua verdadeira identidade universal?

A DOR DE QUERER SER UMA PESSOA MELHOR

Tentar ser uma pessoa melhor, sem antes assumir nossa imperfeição humana, impede-nos de descobrir nossa perfeição universal.

Quando eu estava perto de completar três anos, nasceu meu irmão e, pela primeira vez, senti uma sensação desconhecida até aquele momento. De repente, eu tinha diante de mim um competidor e senti o desejo de ser melhor. Aos cinco anos de idade, eu entrei no colégio e passei a ter quarenta competidores na sala de aula. Apesar do empenho de meus professores para que eu fosse uma pessoa melhor, isso não dava frutos. Meu cérebro disléxico passava despercebido e eu nunca tive a sensação de me encaixar em um sistema educativo baseado na melhora pessoal.

Hoje em dia, me pergunto por que ser melhor pessoa sem antes me compreender, me respeitar e me aceitar. De fato, como se chega a isso de ser melhor, sem antes estar em paz consigo mesmo? Por que eu deveria me deixar guiar pelo desejo de ser uma pessoa melhor, se esse desejo nasce de uma autorrejeição?

Nós temos nos convencido de que há um "eu" melhor ou outra emoção melhor do que a que estamos sentindo no momento.

Mas não é assim. Nesse momento, não existe um "você" melhor que o desse momento. Tampouco há algo melhor que sentir agora o que você está sentindo neste momento, simplesmente porque isso é o que você está sentindo agora.

Para muitas pessoas, isso pode significar repulsa, desmotivação ou "jogar a toalha", mas é justamente o contrário. Trata-se de "recolher a toalha" e começar a assumir nossa experiência tal como ela é. Isso pode ser chamado de viver plenamente, o que não se ensina nas escolas e não se vê nos melhores cinemas. Isso se aprende olhando para si próprio com um olhar respeitoso e de aceitação.

Estamos vivendo uma vida humana que, nos dias de hoje, implica o que implica, mas você pode estar certo de que todos dispomos de tudo o que necessitamos para vivê-la. Posso assegurar porque tenho encontrado muitas pessoas com vidas cheias de sofrimento que encontraram a valentia de vivê-las. Foram pessoas que tinham sido violentadas, outras maltratadas, outras haviam perdido um filho ou se encontravam em fase terminal de alguma doença.

Essas pessoas que recorreram a mim para que eu as ajudasse a viver seus processos acabaram se transformando em meus mestres. Todas elas me mostraram que, por trás dessas situações, estava a sua capacidade de vivê-las com plenitude. Porque a única coisa que nos é pedida é a decisão de sermos honestos conosco mesmos e nos abrir a uma autodescoberta, que acontece naturalmente dentro dessas situações. Essa decisão da qual falamos aqui, insisto, ninguém pode nos ensinar. Cabe a nós descobrirmos e concretizarmos essa decisão; mas como se concretiza isso? Decidindo ser honesto com si mesmo e se abrindo à autodescoberta.

Trata-se de parar de sofrer e aprender a desfrutar. Sinto muito, mas não é uma questão de o que ocorre em nossas vidas, mas de nossa decisão de vivê-las abertamente. Nós nos esquecemos de como respirar e de como assumir as situações tal como elas ocorrem, porque estamos adormecidos, anestesiados, hipnotizados pelo desejo de ser diferentes de como nos vemos.

A insegurança é uma das maiores farsas que nós humanos já inventamos. Nós temos transformado a atenção natural que surge do Ser em um alerta mental temeroso, baseado na insegurança; insegurança por como nos sentimos; insegurança por como nos relacionamos com os outros; insegurança em relação a nossa vida.

Imagine um ser vivendo uma vida da qual se sente inseguro. Isso implica um grande caos mental e uma grande angústia emocional. Por um lado, o seu Ser lhe pede para que se abra à vida e descubra que ele, seu Ser, é vida e, ao mesmo tempo, a mente lhe diz para ter cuidado porque essa vida não merece sua confiança.

A insegurança é totalmente insuportável. É tão insuportável que acabamos culpando tudo o que nos rodeia por aquilo que nos acontece. Porém, dentro da lógica universal, nada nem ninguém culpa nada nem ninguém pela maneira de como é sua própria existência.

Muito poucas pessoas se dão conta de que existir como existem é impressionante, e isso ocorre porque estamos habituados a sofrer em vez de viver. Ninguém é feliz pelo simples fato de existir. Isso que você acaba de ler é suficiente para se sentar e ficar olhando essa ideia por um bom tempo.

Permita-me insistir novamente: se você está vivendo uma vida humana, posso assegurar que você tem a sua disposição tudo o que necessita para vivê-la. Você já possui em si todo o potencial para vivê-la plenamente.

Se eu tento ser um ser humano perfeito, primeiro vou ter que negar meu estado mental de imperfeição. Então, vou começar a me esconder, a não me mostrar, para que não vejam o quão imperfeito sou. Enquanto eu não parar de ter medo de mostrar o quão imperfeito eu sou, não poderei ver a perfeição que existe por trás de minhas crenças.

Vivemos tentando fazer tudo bem, quando na verdade já somos pura perfeição universal, mas dentro de umas coordenadas espaço-temporais onde ainda não se contempla essa perfeição. Talvez tenha chegado o momento de descansar dessa luta interior. Talvez seja hora de olhar para si com respeito. Talvez tenha chegado para você o momento de desfrutar do filme, ao invés de tentar maquiar constantemente o protagonista das histórias projetadas numa tela.

Tudo o que buscamos atualmente se encontra em sustentar a prática de contemplar os pensamentos, sem acreditar neles às cegas. Cedo ou tarde, descobrimos que temos estado nos enganando repetidamente durante toda a vida, acreditando sermos quem pensamos que somos, ao invés de sermos o que somos na verdade.

HOMO UNIVERSUS

Quando sou consciente da vastidão da mente universal, curiosamente, a primeira coisa que reconheço é a ignorância de minha mente humana.

Hoje em dia, ainda olhamos o universo como algo alheio a nós, como se fosse um lugar que nos rodeia, sem sermos conscientes de nosso verdadeiro lugar nele. Etimologicamente, universo provém da palavra *universus*, que significa o ponto onde tudo se une e gira; sem divisão.

Até o dia de hoje não fizemos mais do que nos aproximarmos do universo a partir de um paradigma contrário a seu significado original. Nós o investigamos por meio de artefatos, telescópios, foguetes ou bases espaciais, como se ele não tivesse nada a ver conosco. O universo, visto como algo alheio a nós, fica muito à sombra de nosso entendimento.

Não conheço muitas pessoas que tenham se dado conta de que cada instante de suas vidas transcorre dentro dessa vastidão inexplorada. Curiosamente tão vasta e tão inexplorada como é a nossa consciência. Serão a mesma coisa?

Quando eu era pequeno, lembro que brincava com a pergunta "O que eu fui antes de ser Sergi?", porque a resposta me fascinava. Ela me fascinava não pelo que eu havia sido, mas porque a resposta não chegava a minha mente na forma de conceitos ou imagens, mas em forma de experiência. Eu era muito consciente de que essa resposta era dada. Depois de me fazer a pergunta, tudo o que eu percebia a minha frente desaparecia. Era como se a realidade física sucumbisse ao autoquestionamento e se desvanecesse como se fosse névoa, dando lugar a outra realidade. Por trás dessa nevoa, aparecia um universo.

Essa experiência era paradoxal porque eu era o universo que via e, ao mesmo tempo, minha consciência viajava através dele. Era como se o próprio universo fosse um ser que pudesse criar uma perspectiva da consciência com a qual pudesse conhecer a si mesmo. Todos nós somos fruto dessa perspectiva universal.

Essa experiência também me ensinou que há outras formas de pensar, que não requerem um processo de concatenação de pensamentos e nem de conceitos. Ela me mostrou que existe uma forma de conectar com outros espaços mentais, que costumam estar adormecidos por não fazermos as perguntas que disparam sua ativação ou despertar.

Devido ao fato de acreditarmos em nossa percepção, que nos informa de nosso isolamento universal, não surgem em nossa mente as perguntas que poderiam disparar respostas sobre nossa identidade universal. Dessa forma, a conquista do espaço, que tanto emulamos nos filmes de ficção científica, não se consegue com naves espaciais, mas sim olhando para dentro de nós.

Se você conhece a si mesmo, conhece também sua origem, o universo. Em uma ocasião, o físico e inventor Nikola Tesla expressou que reconhecia o vínculo de sua mente com o universo, mas que não tinha tempo para pesquisar isso, já que sua função era outra. Certa vez, ele chegou a afirmar: "Para encontrar os segredos do universo, pense em termos de energia, frequência e vibração". Com isso, ele estava nos convidando a pensarmos através de outra perspectiva, muito diferente da que estamos habituados.

Porém, ainda temos a crença arraigada de que a realidade é física. Segundo dados atuais da NASA, apenas 0,03% do universo que vemos corresponde a corpos sólidos, como por exemplo, planetas. Os 99,97% restantes corresponderiam à energia escura, matéria escura, neutrinos, estrelas, hidrogênio livre e gás hélio.

A matéria física e o conjunto de nossa realidade são transparentes aos olhos de uma mentalidade universal. Isso é o que se mostrou para mim desde que eu era muito pequeno. Assim como um pensamento também pode criar uma realidade crível, apesar de tal realidade não existir.

Quando sou consciente da vastidão da mente universal, curiosamente, longe de reconhecer o conhecimento universal, o que reconheço é a ignorância de minha mente humana. Nós, humanos de hoje, longe de aceitar nossa ignorância, preferimos estabelecer nossa própria forma de ver as coisas. Com essa estratégia mental, anestesiamos a angústia de não saber nada, mas ao mesmo tempo adormecemos nossa mente, que sonha com avidez reencontrar-se com a verdade.

O universo se relaciona intimamente com tudo aquilo que existe nele. Tal intimidade é tão profunda que se transforma em um grande mistério para aqueles cuja forma de pensar é superficial e temerosa. É estranho que, acontecendo essa íntima relação dentro do universo, a maioria das pessoas não seja consciente dessa bela relação. Estamos tão inconscientes que isto não atrai atenção alguma, comparado com a atenção que colocamos em outras questões. Quando a atenção se desloca dessa maneira, a pergunta "quem sou?" se transforma em "como posso me sentir melhor?". Aí começa o sofrimento.

Redescobrir essa íntima relação universal e devolver-lhe nossa atenção implica mudar radicalmente nosso ponto de vista da realidade; uma realidade humana, fortemente podada e protegida por todos aqueles que acreditaram ser filhos das crenças dessa época atual.

Atender a essa relação implica saber que nós não existimos como entidades separadas do universo e, por sua vez, reconhecer também que somos pensamentos pensados por ele. Essa incomensurável consciência eterna não é "definível" sob uma perspectiva humana. Melhor dito, ela nos define e, em sua definição, nos inclui junto a tudo o que existe.

Nossa psique provém de um todo universal. É por essa razão que a psique humana, vista de forma isolada, não é compreensível e vivê-la desse modo acaba sendo muito doloroso. Isso quer dizer que os processos psicológicos humanos não são totalmente compreendidos sem uma visão inclusiva dentro do universo infinito do qual nascem. E sustentar essa incompreensão nos leva à depressão.

Uma pessoa pode começar a ver e a pensar como pensa um universo quando, em um primeiro passo, se abre a questionar suas ideias pessoais sobre o mundo, a vida e sobre si mesma. Esse passo implica um questionamento amável, mas comprometido, de tudo o que ela pensa e percebe. Sem rejeitar o que vê, ela pode compreender que isso não é verdade, mas que é uma mera opção dentro de infinitas possibilidades.

Escutar os pensamentos do universo implica conhecer-se a si mesmo de forma integrada com Ele e, portanto, a pessoa desaparece como indivíduo. No processo, as fronteiras delimitadas pela percepção pessoal são transcendidas pela experiência universal do ser que se reconhece um com tudo. É nesse instante que as interpretações perdem valor e se dissolvem e a mente contemplativa desperta a lembrança universal.

O PORQUÊ DAS COISAS

Quando utilizo apenas minha própria mentalidade, não encontro nela nenhum sinal de certeza.

A "grande cenoura" dos seres humanos, perseguida até a saciedade, é uma tentativa frustrada de encontrar um sentido para as coisas. Chamamos isso de porquê. Por que você me deixou? Por que você fez isso? Por que está chovendo hoje? Por que fiquei doente?

Você sabe quanta energia nós utilizamos em um único dia para tentar compreender o que acontece?

Quando sentimos tristeza, ela não tem um significado próprio até que nós lhe atribuamos um. Ao fazer isso, a situação que acreditávamos ser a causa de nossa tristeza também passa a ter um sentido triste. Dessa maneira, elas se encaixam e parecem ter lógica e coerência. É então que eu acredito ter compreendido por que sinto tristeza e por que me aconteceu tal situação. Todavia, continuo buscando o sentido de tudo isso, porque no fundo eu sei que continuo sem compreender.

Tudo responde a uma ordem maior que nos escapa quando a enxergarmos a partir de nossa pequena perspectiva. Nosso eu é demasiado jovem e limitado em experiência para poder conceber o eterno, o infinito e seus mecanismos de manifestação, dentro de nossa solitária percepção da realidade da existência. Não podemos compreender completamente nenhum acontecimento de nossa própria vida se o interpretamos a partir de um ponto de vista pessoal, a partir do qual não somos conscientes de nosso ser eterno e infinito.

Entreter-se tentando compreender o incompreensível é uma perda de tempo para aqueles que querem, com todo seu coração, cruzar o véu da ignorância. Todavia, parece que gostamos dessa maneira de viver a vida; ao invés de vivê-la em paz e assim compreender o que ela é, exigimos dela uma compreensão prévia para poder vivê-la em paz. A paz nos leva à compreensão; porém, preferimos que a incompreensão nos leve à compreensão, perguntando a ela o porquê das coisas.

Você pode imaginar como seria seu estado mental se, ao invés de se negar a viver o que não compreende, você se abrisse a viver isso? Aqui podemos nos referir à morte de um ser querido, à qual nos aferramos com a intenção de, algum dia, finalmente, compreender o porquê de sua morte. Muitas pessoas suportam essa dor à espera da compreensão do porquê, no lugar de viver isso e, finalmente, compreender através de sua vivência. É a vida que nos leva à compreensão e não a incerteza, nem o medo, nem o sofrimento, nem as crenças religiosas ou espirituais.

Somente podemos compreender que a morte não existe quando nossa mente está em paz. A partir da paz podemos, então, olhar essa situação com nosso coração, este lugar onde nada começa e nem acaba, nunca, no qual tudo vive unido a tudo, sem perdas nem ganhos, somente presença, somente existência, somente paz. Nós nos aproximamos dessa clareza quando nos abrimos a dar as boas-vindas a tudo o que acontece, sem "poréns" que valha a pena objetar, nem "porquês" que valha a pena questionar.

Na maioria das vezes, usamos essa tentativa de descobrir um sentido aceitável da vida para esconder nosso medo da ignorância, que tanto nos aterroriza. Não faz sentido tentar compreender o que acontece a nossa volta enquanto percebermos isso como algo alheio a nós. Tudo acontece como emanação de nosso ser ou como projeção de nossos medos e, em ambos os casos, se não utilizamos essas situações para conhecermos a nós mesmos, nos autocondenamos a viver no limbo mental de perguntar ao passado: "Passado, por que você aconteceu assim?".

O OLHAR CONTEMPLATIVO. VER OU PENSAR

> Meus próprios pensamentos
> encobrem meu olhar universal.

A mentalidade humana atual costuma ser indisciplinada. Por isso é que não podemos decidir conscientemente o que sentir ou o que pensar. Por isso também pensamos coisas que não podemos deixar de pensar. Parece que os pensamentos têm o poder de se pensarem a si mesmos dentro de nossa cabeça, sem que nós possamos fazer algo. Essa espécie de rebelião interna é como um motim onde os pensamentos se erguem como governantes da mente, ao invés de serem seus servidores. O mundo ao avesso.

Esse "mundo ao avesso" provém de uma imaturidade natural na hora de utilizarmos nossa mente. Mais uma vez, é a mesma imaturidade que vivemos quando bebês ao nos colocarmos de pé e darmos os primeiros passos. Tentávamos nos manter em equilíbrio e encadear três passos, mas era como se o nosso corpo ainda não respondesse a nossa vontade. Parecia que as pernas tinham vida própria e iam aonde elas quisessem.

Nossa imaturidade mental não nos permite ser conscientes do uso que fazemos da grande maioria dos pensamentos que pensamos, nem tampouco de como enxergamos através deles, como se fossem vidros coloridos, para ver o que chamamos de realidade. Por exemplo, quando dizemos que não gostamos da cor verde escuro, estamos pensando um pensamento que nos diz que não gostamos dessa cor. Na verdade, não sabemos se gostamos dela ou não, porque vemos o verde escuro através de nosso pensamento "não gosto da cor verde escuro".

Não estou insinuando que você tenha que gostar de verde escuro ou que tenha que comprar camisetas dessa cor para conseguir gostar dela. Também não estou insinuando que seja errado pensar que você não gosta dessa cor. Estou dizendo que quando não gosto de algo, sei que na verdade não é que eu não goste, mas que me identifiquei com um pensamento que pensa isso. Aqui vemos claramente dois possíveis usos diferentes do pensamento: identificar-se com ele ou contemplá-lo.

Questionemos um pouco mais e olhemos por um momento o que é pensar. Para poder nos aproximarmos da versão humana e atual do que é pensar, buscamos o termo no dicionário da Real Academia Espanhola, que o define assim: "Formar ou combinar ideias ou julgamentos na mente. Examinar mentalmente algo com atenção para formar um julgamento. Opinar algo sobre uma pessoa ou coisa. Formar na mente um julgamento ou opinião sobre algo. Lembrar ou trazer à mente algo ou alguém."

A partir desse prisma de compreensão do ato de pensar, o pensador pensa pensamentos que provêm somente de dentro do âmbito pessoal; ou seja, que pensa seus pensamentos. Inclusive, se pensa algo sobre outra pessoa, esse pensamento é sua forma pessoal de pensar a respeito do outro. O que queremos expor aqui é que pensar, segundo o que compreendemos até agora, implica pensamentos pessoais, o "eu penso tal coisa".

Poderia ser que houvesse outras formas de conceber o pensamento? Existe uma forma de conceber a realidade que não tenha nada a ver com a maneira como nós humanos pensamos hoje em dia? Quando o ser humano surgiu no universo, surgiu também o pensamento ou ele já existia previamente?

Houve uma mudança drástica em minha forma de compreender o processo de pensar e a mente pensante (atualmente ainda associada ao cérebro), quando me dei conta de que os pensamentos que eu pensava não eram somente meus. Eu me dei conta de que, na realidade, minha mente não estava criando pensamentos, mas sintonizando com eles e que meu cérebro era apenas o aparato físico a partir do qual eu era consciente de minha mente.

Se eu tivesse nascido no ano 1123, eu teria pensado que a Terra era plana, que nós seres humanos jamais voaríamos e que o Sol dava voltas ao redor do nosso planeta. Mas, ao nascer em 1975, meus pensamentos são outros. Se eu tivesse nascido em um lugar diferente de Barcelona, como por exemplo, um povoado indígena australiano, meus pensamentos também seriam outros; ou se eu tivesse nascido em Ad Dawadimi, na Arábia Saudita, também seriam outros.

Os pensamentos que pensamos não são tão nossos quanto acreditamos. Na realidade, eles respondem a uma sintonização com o contexto do lugar e do tempo no qual nos encontramos. Chamamos esse contexto de coordenadas mentais.

Contudo, o que acontece quando abrimos o raio de alcance da sintonização de pensamentos a um grau de alcance que vai além de nosso contexto pessoal? O que acontece quando nossas coordenadas mentais deixam de ser pessoais e viram universais?

Eu sempre havia visto o cérebro como uma máquina produtora de ideias e pensamentos e, portanto, os pensamentos que eu pensava eram meus e somente meus. Isso me tornava genuíno e particular e me diferenciava dos demais. Graças a essa diferença, eu podia ser eu. *Cogito ergo sum* (penso, logo existo). Isso lhe diz alguma coisa?

Quando questionamos a realidade de nossos pensamentos "pessoais", nossa consciência respira como se tirássemos uma roupa que era de um tamanho menor que o nosso. Esse questionamento é o que chamamos de contemplação. Ao invés de nos identificarmos com o que pensamos, contemplamos os pensamentos pensados sem lhes atribuir realidade.

Esse olhar contemplativo possui as três características essenciais para a transformação. É honesto, porque olha de frente qualquer pensamento, seja ele qual for. Olha para ele aceitando-o, porque não o rejeita. E confia no que vê, porque não interfere. Então, de forma natural, a mente se abre para uma faixa de consciência mais ampla, mostrando-nos, assim, um leque de pensamentos mais vasto do que o que existe dentro da mentalidade humana atual.

Aí aparece o silêncio e, junto a ele, os pensamentos de unidade, de felicidade, de plenitude, mas com uma qualidade diferente. Neste caso, os pensamentos não são imagens mentais que você possa contemplar; são experiências.

Somente a partir desse silêncio presente uma pessoa pode chegar a escutar os pensamentos tal e qual a consciência universal os pensa, sem interferências humanas, sem intenções pessoais que tentem nos deixar no controle do que acontece, sem expectativas.

O pensamento "pessoal" sempre responde aos interesses pessoais do pensador. É por essa razão, também, que o pensador sempre costuma defender o que pensa, porque acredita que o que ele pensa é verdade somente pelo fato de ser ele quem o pensa.

Visto assim agora, pensar não consiste em possuir pensamentos, mas em contemplá-los. Dessa maneira, poderemos ver os pensamentos universais que já estão aí, ao invés de inventar nossa versão pessoal, que não é mais do que uma sombra dos pensamentos originais. Por exemplo, a ideia de um mundo sem fome existe, mas nós ainda não a vemos porque nossos pensamentos, que dão lugar ao mundo faminto, ainda nos parecem mais atrativos que os pensamentos de um mundo sem fome.

Visto isso, aqui é quando eu deixo de defender minhas ideias, me calo e me sento em uma cadeira para olhar que crenças e pensamentos minha mente contém que apoiam a fome no mundo. Então, surpreendido, descubro este pensamento: "É impossível que nesse exato momento termine a fome no mundo". Acreditar nesta ideia faz com que, inconscientemente, eu a apoie e isso me impede de ver ideias que poderiam facilitar um mundo sem fome.

Se realmente todas as grandes ideias existem antes de que nós as pensemos, isso significa que estamos constantemente expostos ao máximo de conhecimento universal, mas não conseguimos enxergá-lo porque o que nós vemos é nossa versão do universo, feita a nossa imagem e semelhança, limitada e presa a nossas crenças culturais, pessoais e da época na qual acreditamos estar vivendo. Se o que eu digo é correto, o único caminho para o conhecimento é nos liberarmos de nossas ideias pessoais sobre tudo.

Um pensamento pessoal é um julgamento e os julgamentos encobrem o olhar ao infinito, o lugar onde o conhecimento vive. Porém, aqui não lhe é pedido para não julgar. Talvez isso seja impossível. Ao contrário, o que é pedido é que contemple seus julgamentos sem acreditar neles, para que assim seja possível ver a paz, a beleza e o amor que escondem.

Quando descobri tudo isso que expus aqui, foi-me mostrado também que quando um universo pensa, ele cria. E que seu pensamento é somente um, completo, do qual você e eu fazemos parte.

Estou dizendo que você é um pensamento que pensa o universo e que está intrinsecamente unido a tudo o que você vê e a tudo o que você não vê a partir de sua perspectiva pessoal da realidade. Estou dizendo que sua vida é somente sua versão pessoal, vista a partir de seus pensamentos pessoais e que existe outra versão dos fatos, com base na perspectiva universal, na qual se desconhece o medo e o sofrimento.

Uma pessoa que esteja absorta em resolver seu sofrimento com base em seus próprios pensamentos, não pode ver além deles. Nem sequer pode imaginar a possibilidade de que ela mesma está sendo pensada por uma consciência universal, que não deseja nada mais do que plenitude.

É por isso que para uma pessoa ver, antes ela deve olhar e reconhecer sua cegueira e a ignorância que abriga dentro dos pensamentos pensados de forma isolada, dando as costas à consciência universal.

Meu sofrimento como ser humano sempre veio de mãos dadas com o fato de eu querer ter razão e me aferrar a uma ideia ou opinião. Por trás de cada momento difícil que tenha vivido, sempre houve uma interpretação pessoal desse acontecimento. Ver isso e me abrir para soltar essa interpretação é o que sempre me devolveu a liberdade e a paz anteriores a minha opinião pessoal.

A contemplação é uma das ações mais belas da mente atual. Deixar para trás a intenção de nos protegermos da morte em todas as suas facetas: desprestígio, menosprezo, indiferença, estresse, controle, arrogância, vaidade, mentira, exagero, implica uma decisão valente, cheia de confiança, mesmo quando ainda não se vislumbre nada em que se possa confiar.

COM O ESFORÇO VOCÊ CONSEGUIRÁ SUAR

> Nós inventamos o esforço por preguiça
> a assumir o instante presente.

A cultura do esforço, das metas, dos objetivos nobres e a satisfação obtida com as conquistas é lícita, respeitável e maravilhosa para aquelas pessoas que pensam assim. Dito isso, permita-me indagar a partir da possibilidade de que essa cultura esgotadora seja apenas uma versão dos fatos e nada mais.

Se você olha detidamente seu modo de viver, perceberá que ver a vida passar sem simplesmente vivê-la, possivelmente seja o seu caso. Essa falta de plenitude poderia ser devido ao hábito de dar as costas à experiência presente e, consequentemente, viver desejando que as coisas sejam diferentes de como são agora.

É possível que, cada vez que decidamos isso, sintamos dor. Uma dor que, ao ser insuportável, primeiramente a justifiquemos com um motivo alheio a nós e, logo após, a anestesiemos com uma injeção de cinquenta miligramas de propósito inventado; o propósito de atingir metas.

O raciocínio seria assim (respire profundamente, pois a frase é longa): como quero que as coisas sejam melhores, justifico para mim a dor da rejeição que recebo e, em seguida, da situação que estou vivendo, porque acredito que ao rejeitá-la me tornarei uma pessoa melhor e, assim, não sentirei a dor que tudo isso que acabo de dizer produz. Na verdade, suportarei a autorrejeição com esforço e constância, porque estou totalmente convencido de que isso servirá para algo melhor que ainda está por vir um dia. Só de pensar nisso já cansa.

Algumas pessoas chamam este raciocínio de lógica, mas ele é tão ilógico que necessita, por trás dele, de toda uma cultura com milhões de pessoas que o apoiem. Isso porque, se não fosse assim, ele desmoronaria naturalmente. Para manter essa lógica de pé, a cultura da constante rejeição a si mesmo ou às circunstâncias, alavancada pelo esforço e pela melhora, requer muito empenho, sacrifício e resignação. Se não for assim, torna-se obsoleta na primeira tentativa.

Por essa razão, nós ensinamos as crianças a se esforçarem, porque, por natureza, nenhuma criança conhece o esforço. Mas, sim, conhecem o prazer de fazer o que as apaixona e conhecem a infinita e incansável dedicação para nutrir seus talentos naturais. O menino que é apaixonado por desenho não percebe a hora passar enquanto desenha. A menina que é apaixonada por construir coisas faria isso durante todo o dia. Para a criança apaixonada pela dança, o tempo voa. Em nenhum desses casos, veríamos qualquer sinal de esforço.

Esforço e naturalidade são forças opostas. Se algo é natural, você não se esforça; se você se esforça, não é natural. Esta é a razão pela qual nenhum menino ou menina, quando passam pela mudança mais drástica de sua vida – colocar-se de pé e dar os primeiros passos – não vivem nenhum tipo de esforço. É um processo natural. Eles estão tão apaixonados pela ideia de descobrir essa coisa nova, tão absortos em dar lugar a esse impulso interno irrefreável, que sua constante dedicação é pura felicidade.

Se você está lendo isso e possui um modelo mental baseado no esforço, sua mente estará cochichando no seu ouvido que se deixar de se esforçar, cairá na preguiça. Mas veja que a preguiça não é o oposto do esforço, na realidade, é seu sinônimo. Ficou surpreso? A mente que se esforça para mudar as coisas é muito preguiçosa na hora de assumir as circunstâncias presentes; é preguiçosa na hora de aceitar os sentimentos que sente e é preguiçosa na hora de assumir seu próprio estado mental atual, porque tem medo dele. O oposto ao esforço e à preguiça, nós o vimos nas crianças: é a dedicação.

Agora, leia isso com atenção. Se você está se esforçando em alguma área ou áreas de sua vida, por favor, continue se esforçando. Esforçar-se pode ser a única forma de você conseguir descobrir que o esforço, na realidade, nega a vida. Você não tem agora que cair na tolice de se esforçar em não se esforçar.

FAZER SEM FAZER NADA

*Quando você faz o que ama,
é o amor quem o faz e não você.*

Sei que se todos nós fizéssemos o que amamos fazer, surgiria neste mundo um novo sistema humano tão inacreditavelmente inteligente, bondoso, íntegro e altruísta, que neste momento não podemos sequer imaginar.

Foram muitas as ocasiões em que ouvi esta frase: "Não faça nada; permita que as coisas aconteçam por si mesmas". Durante um período de minha vida, acreditei que a tivesse compreendido, mas na realidade o cotidiano sempre me engolia e uma e outra vez, eu caía na incansável tentativa de sair do labirinto do não parar de fazer coisas para conseguir essa famosa segurança econômica ou essa famosa segurança emocional ou essa famosa segurança do casamento ou essa famosa segurança social ou essa famosa segurança...

"Não faça nada; permita que as coisas aconteçam por si mesmas" não é compreensível a partir de nossa perspectiva dual das coisas. Quando vemos a vida como algo alheio a nós, vendo situações que acontecem ao nosso redor, é fácil acreditar que não fazer nada implica cruzar os braços, sentar-se no sofá e esperar que as coisas aconteçam.

Somos uma forma de vida. Assim como todos os seres vivos somos vida, por mais que tentemos evidenciar de modo brilhante

71

que somos únicos e exclusivos. A partir dessa janela para a unidade, podemos nos reconhecer como uma expressão de vida unida a tudo o que acontece a nossa volta. Lembre-se que *universo* significa o ponto onde tudo se une e gira. A partir desse reconhecimento unitário, fazer nada significa não intervir a partir de nossa perspectiva pessoal; significa não interferir na vida.

Aprender a não interferir na vida implica estar abertos a soltar a necessidade de que o que fazemos tenha um valor individual, preencha nossas necessidades ou inclusive seja reconhecido pelos demais. Isso implica não tentar obter benefício da vida, mas sim descobrir o potencial intrínseco que implica ser vida.

Quando ignoramos investigar esse potencial, surge a necessidade de fazer coisas para tentar nos completarmos, quando na realidade já estamos completos pelo simples fato de viver. Viver e estar realizado são sinônimos.

Fazemos o que fazemos para obter algo disso, porque não sentimos a plenitude da vida em nós. Enquanto ainda não somos conscientes de nossa realização, preferimos agir a partir do âmbito pessoal, porque parece que isso nos oferece segurança. Aí começamos a exigir que as coisas que acontecem agora de forma natural tenham que ser como nós queremos que sejam. Ao querer que as coisas sejam como nós acreditamos que devem ser, menosprezamos o que acontece no presente e isso dói.

Uma ação humana sempre tem duas possibilidades. Uma é realizar essa ação como expressão de vida, na qual a ação acontece por meio de nós. A outra é na forma de tentativa para nos sentirmos vivos. A primeira não espera resultados porque a própria ação já é o resultado. Na segunda opção, passamos a depender do resultado concreto para que nos leve a sentir algumas sensações específicas para, assim, poder acreditar que estamos plenos.

Essa segunda versão nos obriga a ter que seguir agindo sempre da mesma forma, porque, ao acreditar que não somos plenos, passamos a depender de nossas sensações inventadas de plenitude. É assim que nascem nossos hábitos, com os quais tentamos anestesiar a consciência para que não sinta essa desconexão com a vida.

Você viu como se fecha o círculo? A forma de agir inconsciente me leva a ter que continuar agindo desse mesmo modo para anestesiar a angústia que gera essa mesma forma de agir, que está desconectada da vida. Nós agimos sem saber o por quê; agimos sem saber quem somos.

O fato de não saber o que somos na realidade nos leva a ter que depender de nossas ações. Nessa dependência, as ações passam a nos definir. Se agimos de uma maneira concreta, seremos dessa maneira concreta. Se agimos de outra forma, seremos da outra forma. Mas, se formos honestos, veremos claramente que somos nós que definimos as ações que, em seguida, usamos para nos definir e para nos dar uma sensação de identidade própria à qual chamamos "Eu" e que, por sua vez, tem seus sobrenomes: bom, simpático, arrogante, sério, profissional, infiel etc.

Visto isso, agora não se trata de tentar não agir a partir desse segundo modo. A mesma tentativa de deixar de agir desse segundo modo é também uma ação desse mesmo tipo. Você se lembra do círculo? Para poder liberar um padrão mental, antes devemos reconhecer sua natureza e, para isso, devemos nos aproximar dele ao invés de lhe dar as costas. Tudo o que acontece a partir do âmbito humano requer ser contemplado com profundidade, para descobrir aquilo que ainda não vemos.

Cabe a nós abrir os olhos. Se nos aproximamos um pouco mais dessa segunda maneira de agir, com a intenção de "des-cobri-la", a primeira coisa que veremos é que as ações realizadas para conseguir algo são sempre reações. Em algumas ocasiões, isto é muito óbvio, devido à intensidade do momento que nos permite ver isso claramente. Por exemplo, quando nos sentimos insultados. Na maioria dos casos, porém, não nos parece tão óbvio que estejamos reagindo.

Essa falta de clareza na hora de nos reconhecermos como seres reativos, deve-se ao que expúnhamos anteriormente. Ao não saber quem somos, nos identificamos com o que fazemos e, ao nos identificarmos, perdemos a perspectiva sobre nossas ações. Mais uma vez, chegamos ao ponto de permitir que nossas ações nos definam.

A partir dessa falta de perspectiva, não podemos identificar a natureza de nossas ações. Trata-se de algo similar a quando gritamos com alguém, pedindo que não grite conosco. Sua resposta, provavelmente, seja gritar de volta: "Eu não estou gritando com você". Essas duas pessoas perdem a atenção sobre si mesmas para focá-la na sua tentativa de impactar com suas palavras a pessoa com a qual estão gritando e, desse modo, elas já não são mais conscientes nem mesmo do que dizem.

Todas as decisões que tomamos, que tentam levar-nos a conseguir algo, na realidade são reações a esse vazio interno. Então, ao que nós chamamos até agora de ações, deveríamos chamar de reações.

Uma ação, diferentemente de uma reação, surge de um espaço interno de autorreconhecimento, no qual você não é mais escravo de suas necessidades pessoais. Você reconhece a si como uma ação que a própria vida leva a cabo. Em outras palavras, você reconhece que é vida em ação.

Para viver nesse espaço de integridade, antes devemos liberar o padrão de reações e, para isso, antes ele deve ser reconhecido. Mais uma vez, não é possível soltar algo que você não vê e você não pode ver algo com o qual está completamente identificado. Olhemos isso mais detidamente.

Ao nos acercarmos ainda mais do sistema reativo, podemos ver que este se fundamenta em interpretações e não em fatos. Primeiro, interpretamos do nosso jeito o que vemos, em seguida interpretamos como acreditamos que deveria ser a situação e, consequentemente, atuamos para consegui-lo. Isso significa que, nós não reagimos ao que acontece, mas reagimos a partir de nossa interpretação do que acontece.

Essa maneira de pensar e de agir é coisa de loucos. Não existe paz, nem satisfação real nela. Porém, quando nos reconhecemos como parte de tudo, sabemos também que somos parte de como as coisas acontecem. É assim que podemos chegar a ver como dançam diante de nós as nossas interpretações pessoais, como se fossem sereias cantando belos cantos para nos obrigar a agir segundo suas diretrizes.

Um exemplo muito claro me foi dado por uma mulher ao finalizar um encontro. Essa pessoa me contava que ao terminar minha palestra queria se aproximar de mim e me cumprimentar. Quando se aproximou, sentiu uma espécie de sensação intensa e viu que havia outras pessoas esperando pela mesma razão que ela. Então pensou: "Ele está muito ocupado, não quero incomodá-lo mais. Sendo assim, não vou cumprimentá-lo. Vou embora.", decidiu ela, finalmente. Esse exemplo que, para nós, parece um ato de liberdade, fruto de uma decisão coerente, na verdade foi uma reação ao medo de sentir essa sensação intensa que ela sentiu ao se aproximar de mim. No dia seguinte, ela mesma me contou que essa sensação intensa era medo.

O mais interessante é como a mente nos mostra aquilo que necessitamos ver para que acreditemos que nossas reações de medo estão justificadas por um contexto lógico e racional. Reagir é fugir e toda fuga necessita de uma causa coerente. Como essa causa não existe, na grande maioria das vezes nós precisamos inventá-la. Agora podemos ver, se assim decidirmos, que, na verdade, somente reagimos diante de nossas interpretações e que estas, por sua vez, nascem de nosso medo.

Agir a partir do medo não é, em absoluto, agir. Por essa razão, por mais que tentemos mudar as coisas, não conseguimos uma mudança real e autêntica. Com nossas reações, tentamos decorar nossa vida para dar a ela um sentido pessoal, pois perdemos de vista o verdadeiro sentido do que é existir.

Há uma grande diferença entre o instinto da personalidade e a criatividade do Ser. Assim como há também diferença entre o medo e o amor. O primeiro age por sobrevivência; o segundo não age, simplesmente é; e ser é a ação em si mesma. Olhar de frente para nossas atitudes ou nossos hábitos nos permite assumir a responsabilidade de tais hábitos e atitudes, para assim descobrir quem está por trás e ser amor em ação.

P.S.: Esteja atento para não se castigar se você se surpreender reagindo diante de algo, pois se o medo é o rei das reações, o castigo é seu príncipe herdeiro.

PODER

> Quanto mais poderoso algo é, mais invisível ele se torna para a consciência humana, justamente ao contrário do que acreditamos até agora.

O amor é o que de mais poderoso existe e, por essa razão, é completamente invisível aos olhos da grande maioria das pessoas. As leis[1] que regem em sua totalidade o universo da consciência absoluta baseiam-se no amor. De fato, tais leis são expressões de amor. É por isso que elas nos incluem todos por igual, sem distinções, como um único ser. Dessa maneira, o verdadeiro poder requer que sejamos todos totalmente poderosos.

A unidade que rege nossa existência é a doadora de poder. Um ser vivo é poderoso, na medida em que é consciente de sua unidade e este é o grande problema da humanidade atual. Ao não sermos conscientes de nossa unidade, tampouco somos conscientes de nosso poder inerente e, então, temos que inventar nossa própria versão do poder. Nossa invenção, ao carecer de poder, requer força e exclusividade. Quanto mais poderoso eu quero ser, menos os outros têm que sê-lo. Visto de outro modo, para que eu tenha razão, os outros não têm que tê-la.

---

1 NE: Unidade, Infinito e Eternidade.

O poder universal, por ser um campo de unidade, não tem opostos. É por isso que ele não se opõe a nada, pois não existe nada a que se opor. Essa é a grande diferença com respeito ao poder inventado pelos humanos. Nossa forma de ver o poder depende de algo ao qual se opor para, assim, manifestar de modo visível tal poder. Mas, lembre-se, que o poder verdadeiro é invisível e agora já sabemos que a razão disso é que o poder verdadeiro é tudo e, portanto, ele não se opõe nem luta contra nada.

Um ser humano que é poderoso conhece a si mesmo, sabe-se universo e, ao saber disso, entra em paz. É assim que ele pode reconhecer o final de sua luta. Ele já não necessita se impor a nada nem a ninguém para sentir seu poder. Já não necessita lutar contra algumas de suas emoções, nem contra o destino da vida, nem contra aquela pessoa que poderia parecer estar querendo tirar-lhe algo que necessita. Poder e paz são a mesma coisa.

Os gritos ameaçadores que temos escutado dos outros e que, em algumas ocasiões, nós mesmos damos, convertem-se, agora, em profundo silêncio cheio de sentido, mas vazio de intenções. Não sobra nada pelo que lutar, e tudo pelo que viver.

Agora podemos usar nosso cotidiano como ferramenta para reconhecer todas aquelas situações nas quais ainda nos defendemos ou atacamos, com mentiras, justificativas, exageros, menosprezo, críticas ou ironias. Quando nos defendemos ou atacamos, fazemos uso de um poder que se sente ameaçado e, portanto, denuncia sua fraqueza. Confundir poder com fraqueza, obviamente, nos afunda numa confusão da qual não se pode sair se continuamos nos defendendo e atacando.

Quando nos vemos imersos no hábito da defesa/ataque, é necessário um instante de reconhecimento de nosso medo, para ver tal confusão e torná-la evidente. Quando a fraqueza é reconhecida como ela é e não é confundida com poder, então podemos deixar de usar a debilidade que antes havia sido confundida com poder.

Experimente e escolha agora a versão de defesa ou ataque que você mais gosta: a queixa, a ironia, o exagero, a ridicularização, a arrogância, a mentira, a vitimização, a risadinha superficial, a ameaça, o sarcasmo, levantar a voz, ceder aos desejos dos outros. Uma vez escolhida, decida passar um dia junto dela. Cada vez que reagir dessa maneira frente a qualquer coisa, olhe de frente a reação e observe o que esconde atrás dessa versão de ataque/defesa escolhida. Lembre-se que você não está fazendo esse exercício para corrigir nada. Simplesmente o usamos para nos tornarmos conscientes de algo que não vemos e, assim, escondemos com nossa forma de reagir.

Cedo ou tarde, você verá a quantidade de tempo e energia que desperdiça, de forma justificada, claro, por uma sensação de falsa segurança, que nada mais é do que uma versão ridícula de poder. Aprender novas formas, como pode ser o uso do poder por exemplo, implica antes reconhecer as antigas e, sobretudo, reconhecer sua inutilidade.

O poder verdadeiro emerge da presença e a presença brilha quando alcançamos a destreza no pensamento, o foco mental perfeito, fruto de nossa disciplina mental.

DISCIPLINA MENTAL

> Uma mente indisciplinada gera dor e sofrimento porque usa tudo para alimentar sua importância pessoal.

Para compreender o que é a disciplina, despojada dos conceitos sociais, culturais ou educacionais, devemos antes retornar a qualquer das experiências de aprendizagem fundamental que vivemos em nossa vida e investigá-las. Andar, falar, andar de bicicleta, nadar são alguns exemplos. São experiências de aprendizagem que não se basearam na forma de aprender, mas na vontade verdadeira e profunda de aprender.

Falamos aqui de uma vontade que está totalmente centrada naquilo que deseja, e o que deseja não por um desejo pessoal caprichoso, mas de um desejo que emerge de um lugar profundo em nós. Falamos também da aprendizagem que nasce de um momento natural na experiência vital de uma pessoa. De repente, surge o momento em que essa vontade desperta e a mente a segue, expondo-se constantemente a essa aprendizagem, até que o aprendido fique integrado. Do não sei, passa-se ao sei, sem sua intervenção. Você apenas se expõe a sua ignorância, até que esta desapareça.

Por exemplo, você verá que enquanto uma pessoa não sabe andar de bicicleta, sobe nela e volta a subir, uma e outra vez, até que o saber andar de bicicleta surge de repente. Passamos do não saber ao saber, do cair de novo ao não cair mais. Esse instante onde a aprendizagem nasce não é controlável; ele simplesmente aparece e depende somente do próprio momento no qual aparece. Mas, para que apareça, temos que dirigir nossa atenção até esse instante.

Esse instante do qual falamos é o instante presente e, para poder atendê-lo, antes devemos atender a um presente marcado pela ignorância ou pelo "não saber andar de bicicleta". No presente sempre se encontra o espaço de máxima aprendizagem, porque é o único instante em que a mente tem acesso a si mesma.

Nós adultos esquecemos essa conexão com o natural e com o momento presente. Já não dirigimos a atenção em direção ao espaço de aprendizagem, mas o fazemos em direção a nossa ideia futura do que queremos aprender e, por essa perspectiva, a disciplina se transforma em prima irmã do esforço.

Na suposição de querermos aprender uma língua diferente da nossa, o que fazemos é atender o que acreditamos que seja necessário para chegar a saber essa nova língua. Então, nos esforçamos para conseguir isso. Desse modo, é frequente sentir frustração na forma adulta de aprender, porque ela não assume a ignorância presente. Além disso, nossa ideia de aprender a nova língua já está marcada pelas expectativas e pela satisfação que teremos no futuro ao conseguirmos. Mas, curiosamente, a aprendizagem acontece no presente e não no futuro.

Na aprendizagem natural que descrevemos no início, a satisfação já faz parte da aprendizagem, porque não há uma dissociação entre aprendizagem e aprendido, nem entre ignorância e sabedoria. Tudo converge no presente.

Então, a disciplina é sinônimo de decisão. A decisão de nos expormos constantemente a um presente ignorante, pois é no presente onde se encontra a sabedoria. Isso é o que Destin Sandlin nos demonstra com *"The Backwards Brain Bicycle"*. Um dia pediram a Destin que andasse em uma bicicleta chamada "O cérebro ao contrário". Esta bicicleta tinha uma particularidade mecânica. Quando se virava o guidom à direita, a roda se movia para a esquerda e quando o guidom era movido para a esquerda, a roda ia para a direita.

Quando Destin subiu na bicicleta pela primeira vez, se deu conta de que ao saber andar em uma bicicleta normal, não podia andar nessa outra. Tentou corrigir isso com todas as suas estratégias possíveis, mas não conseguiu. Descobriu que o conhecimento não é compreensão intelectual e que seu conhecimento prévio não lhe permitia uma compreensão presente daquela situação a que agora se expunha. Então, decidiu pedalar nela durante cinco minutos por dia. Ao final de oito meses, enquanto estava em seus cinco minutos de prática diária, de repente ele soube guiar essa estranha bicicleta. Ele passou do não saber ao saber em um instante.

Esse instante em que de repente soube não é consequência lógica das vezes anteriores em que subiu nessa bicicleta. Mas, paradoxalmente, sem esses oito meses nos quais decidiu continuar sua aprendizagem, esse momento presente não teria acontecido.

A disciplina consiste em atender o momento presente, nada mais. O próprio momento presente se encarrega do restante. Disciplina mental, então, é tomar a decisão de atender a esse mesmo instante e assumir tudo o que ele implica. Você então verá que, nele, há muitos campos de aprendizagem lhe esperando, prontos para amadurecer. Como, por exemplo, o campo das relações ou o das emoções ou o da profissão ou o da abundância ou o de ser pai ou o da sexualidade ou o da insatisfação pessoal.

Agora é quando a disciplina se aproxima mais da presença do que do esforço. Ao contrário, o esforço é uma expressão da personalidade. Presença é a experiência do ser por meio da personalidade, onde o esforço desaparece e dá lugar à disciplina do presente. Uma disciplina baseada na aceitação, na honestidade e na confiança.

Se você quer ser disciplinado em sua vida, vai ter que ser honesto consigo mesmo, aceitar o que vê e confiar nisso. Se quiser ensinar disciplina a outras pessoas, você terá que entrar previamente em coerência interna porque essa disciplina, ao ser a base de qualquer aprendizado essencial, não responde à forma de ensinar, mas à vontade de aprender.

Um mestre disciplinado é aquele que vive sentado em sua ignorância, aprendendo do que ensina, sem ensinar a ninguém mais que a si mesmo. Quando se desperta esse nível de atenção, aflora a humildade interior e dela emerge o poder exterior.

Lá, sentado sobre o monte de sua ignorância, responsabilizando-se pelo monte inteiro, nasce a destreza do pensamento e, com ela, a mente regressa a seu trono. Mente e vontade se reencontram e o poder aparece expressando-se com cada pensamento, sentimento ou ação, pois tudo isso, finalmente, é um. Já não há mais dissociação mental, já não há indisciplina mental. Se ela aparece, você a olha com honestidade, ternura, a aceita e confia que está no momento de máxima aprendizagem.

A PARÁBOLA DAS LAGARTAS MALVADAS

> Não é necessário que você acredite em um julgamento se você não tem cem por cento de certeza de que isso é verdade.

Em minha casa há uma roseira com rosas de cor violeta. Sua beleza é uma festa de cor, ternura e aroma. Em uma ocasião me dei conta de que algumas folhas estavam sendo devoradas por algum tipo de inseto. Com curiosidade, e também com muita vontade de por fim àquilo, me aproximei para buscar a causa daquele delito biológico. Quatro lagartas vestidas de tonalidades verdes e espinhos ameaçadores pareciam estar fazendo a sesta e digerindo a porção de folhas que estava faltando à roseira e que haviam comido durante aquela manhã.

O primeiro sentimento que veio à tona foi o de desagrado. Logo pensei: "essas lagartas não são como os suaves, finos e graciosos bichos da seda, com que eu brincava quando era pequeno". Essas lagartas, apesar de estarem imóveis, estavam me ameaçando. "Se nos tocar, Sergi, vai doer". Em seguida, à emoção se somou um pensamento que, acreditando ter todo o direito de ser pensado, dizia: "Que malvadas são essas lagartas! Que malvadas! Vou tirá-las da minha delicada roseira agora mesmo", gritava o pensamento dentro de minha cabeça.

Então, me dispus a sentir o que estava sentindo e a pensar o que estava pensando, olhando isso sem fazer nada. Dei um tempo para ver o que havia nessa situação que eu não estava vendo, cego como estava por minha sensação de injustiça. Nesse tempo de silêncio, me perguntei: "Quem sou eu para decidir o que é o certo e o que não é nessa situação regida pela natureza?" Então, surgiu um sentimento de paz e de alegria, no qual decidi apostar ao invés de fazer algo em relação a essa injustiça.

Todos os dias ia contemplar a situação. As lagartas estavam cada vez mais gordinhas e a roseira com menos folhas inteiras. Certo dia, as lagartas haviam desaparecido. "Será que elas se transformaram em borboletas?", me perguntei. Olhei por entre as folhas e não vi nada significativo. Em poucos dias, a roseira estava cheia de pequenos novos brotos verdes que pediam passagem à vida com muita força e alegria.

Uma tarde, enquanto eu realizava a ronda diária para regar as plantas, cheguei à roseira violeta. Ao regá-la, surgiu, por trás de uma folha, uma linda borboleta com dois tons de amarelo. Sem sinal de espinhos ou de ameaças, a borboleta voou perdendo-se atrás de alguns arbustos.

A beleza da borboleta e a do momento em que ela apareceu de surpresa era óbvia, mas a beleza do ensinamento era ainda maior. Quantas vezes, na minha vida, eu havia eliminado "situações lagarta" e não havia chegado a contemplar as "situações borboleta" nas quais estavam fadadas a se transformar?

A CONSTANTE DA RELATIVIDADE

Permita ao espaço e ao tempo abrirem-se diante de você para que possa ver que você é o eterno infinito.

A realidade humana atual baseia-se em um contínuo movimento que surge da convergência entre o espaço e o tempo. Quando algo surge nesse mundo tridimensional, dizemos que nasce ou que se inicia. Ao contrário, quando algo desaparece, falamos de morte ou de final.

Entre a aparição e o desaparecimento, tem lugar sua existência que, na realidade, é um movimento que vai desde o início até seu final. Tudo começa e tudo termina na nossa realidade.

Não existe estabilidade a partir dessa perspectiva da realidade; tudo é impermanente. Aquilo que nasce, cedo ou tarde morre. Um ser humano adormecido dentro de uma realidade em movimento, tentará acelerar os processos que ele considere desagradáveis para que, uma vez iniciados, terminem o antes possível. Mas, se ao contrário, o que aparece é considerado agradável, tentará diminuir essa velocidade para que desapareça o mais tarde possível.

Dito de outra forma, nós seres humanos tentamos dominar o tempo com base em nossa própria avaliação desses acontecimentos temporais. Fazer isso é cansativo e muito frustrante. Controlar o tempo sem conhecer sua verdadeira natureza é invocar o sofrimento. A mesma coisa acontece com o espaço; tentar controlá-lo sem conhecer sua natureza dói.

Antes uma pessoa deve ver nascer e morrer instantes, acontecimentos, coisas e inclusive pessoas, para despertar um sentido sutil que nos fala do tempo e do espaço a partir de uma perspectiva eterna e infinita. Somente então uma pessoa descobre que controlar o infinito e a eternidade, a partir de um lugar e um instante concretos, não é nossa função na vida. Não cabe aos seres humanos controlar o que não compreendemos. Quando fazemos isso, nos tornamos interferências em meio a um processo natural, que, por agora, vai para além do nosso conhecimento.

A eternidade é ausência de tempo e o infinito é, na realidade, ausência de espaço. Observe como a maioria das pessoas vê a eternidade como muito tempo e o infinito como muito espaço. Daí a incapacidade de compreendê-los. Contudo, se nos aventuramos a investigar o "não tempo" e o "não espaço", descobrimos que toda nossa realidade foi assentada sobre os fundamentos de nossa perspectiva do espaço e do tempo. Então, se o infinito e a eternidade existem, nossa versão do tempo e do espaço não existe e, portanto, nosso mundo, e nós incluídos nele, não existimos.

Existem demasiadas ideias pessoais em nossa mente atual para que possamos nos abrir a esse olhar, porque vemos isso como uma ameaça. Na realidade, o infinito e a eternidade não ameaçam nada; eles incluem tudo. O que acontece é que quando você inclui um ponto de vista de cor preta em uma tela infinita de cor branca, esse ponto preto, a partir da perspectiva do infinito, desaparece.

Nós, seres humanos atuais, temos medo da realização do mesmo modo que tememos a morte, porque nelas nos damos conta de nossa inexistência como seres isolados. A realização nada mais é do que a restauração da sanidade universal na mente limitada de um ser humano. A partir dessa perspectiva corrigida, a relatividade de nosso mundo passa a ser episódica. Já não centramos nossa atenção em tentar controlar o tempo nem o espaço, mas nos entregamos ao mistério do eterno infinito.

É justamente aí que amanhece na mente a constante que, como um sol que ilumina os pensamentos e as emoções, estabiliza a relatividade: a confiança. Uma pessoa que vive se protegendo da vida, antes de confiar, espera algum motivo para fazer isso. Desse modo, acredita descansar na segurança de que nada novo ou desconhecido poderá ameaçá-la. Sabendo que o que vemos fora reflete nossa maneira de pensar e de ver as coisas, fica claro que uma pessoa que não se abre a confiar, jamais verá motivos para tanto.

Confiança e liberdade andam juntas. Uma mente mergulhada em sua própria obscuridade sempre tem diante de si a possibilidade de se libertar graças à confiança. Assim, a confiança se torna uma escolha que todos podem ter, se assim o desejarem; mesmo que tudo o que pensemos nos indique que essa escolha é uma loucura e um risco desnecessário. Confiar na vida não é só um risco mas, além disso, é indispensável se o que queremos é encontrar a nós mesmos.

NÃO TOQUE NAS MINHAS CRENÇAS, POR FAVOR

O coração não acredita em nada, somente sente amor.

As crenças são os tijolos de nosso mundo. Porém, elas não se unem entre si de forma ordenada como os tijolos formam uma parede. No caso das crenças, estas se entrelaçam umas nas outras para construir uma estrutura em forma de teias de aranha entrecruzadas, nas quais nós vivemos presos. É o caso da aranha que esqueceu que foi ela mesma que teceu a teia na qual se encontrava. Esqueceu-se de que era a arquiteta e, ao esquecer disso, se tornou vítima de sua situação.

Quanto mais crenças tivermos em nossa mente, mais presos estaremos nela. Isso é assim porque, quanto mais crenças, mais densa é a malha de pensamentos por meio da qual pensamos. Essa densidade implica também não se dar conta de que estamos pensando sob um manto opaco de crenças, porque o tecido de crenças chega a ser tão denso que termina se transformando em um centro de gravidade ao redor do qual giram todos os pensamentos e emoções. Denominamos esse centro de gravidade como "eu".

Como já vimos, se olhamos de frente para quem acreditamos ser, observaremos rapidamente que nossa identidade não seria a mesma se tivéssemos nascido e crescido no Oriente Médio, ou nascido e crescido na Groenlândia. As crenças culturais, sociais, religiosas, familiares e da época vivida estariam marcando o prisma através do qual ver o mundo, a vida e a si mesmo.

Esse estabelecimento mental chega inclusive a tomar forma em nosso cérebro por meio das redes neuronais. Elas são as encarregadas de conduzir a informação que transita por nosso cérebro como se fossem caminhos marcados. Quando isso acontece, o neurônio perde a capacidade de ressonar por si mesmo diretamente com o conhecimento. Ao perder essa ressonância, o conhecimento desaparece da consciência e inicia o que chamamos de amnésia fundamental.

A amnésia fundamental é aquela em que um ser consciente perde a consciência de seus fundamentos: quem é, onde está, qual é sua origem e qual é seu destino. No caso dos seres humanos, isso acontece sem que nos demos conta porque, sendo a perda dos fundamentos essenciais uma experiência tão dolorosa, a pessoa se protege dessa dor inventando seus próprios fundamentos para preencher o vazio gerado pelo esquecimento. Denominamos esses fundamentos inventados de crenças fundamentais.

É assim como, uma vez expatriados da nossa própria consciência do ser, buscamos "asilo político" dentro das crenças sociais, das crenças culturais, das crenças familiares e também das crenças religiosas, todas elas condicionadas pela época na qual vivemos.

Com esse processo descrito, geração após geração, as crenças fundamentais permanecem fixas, permitindo unicamente pequenas mudanças no nível superficial das mesmas. Esse é o motivo pelo qual, hoje em dia, continuamos acreditando que somos seres isolados.

Todo sinal de mudança nas crenças provém de um nível muito superficial. Por esse motivo é que o passar do tempo somente afeta as crenças superficiais. Para alcançar e transformar as crenças fundamentais, o tempo não nos serve de ajuda. Para chegarmos ao fundo da questão, se requer um profundo exercício de autoinvestigação ou um *strip-tease* da personalidade para se desnudar das próprias crenças, até relembrar a essência fundamental.

Paradoxalmente, para chegar à nudez completa, devemos aprender a abraçar esses presentes dos quais nos desprendemos e, ao mesmo tempo, respeitar e agradecer todo pensamento, ideia, emoção, hábito, cultura, qualquer coisa que esteja baseada em nossas crenças. O respeito e o agradecimento trazem clareza e essa clareza nos permite ver para além das sombras. Essa clareza surge porque ambos, respeito e agradecimento, abrem o coração e, ao fazer isso, a mente pode vê-lo, escutá-lo e sintonizar novamente com ele.

O coração nunca se submete a uma crença ou a um dogma cultural ou religioso. Por essa razão, agradecer traz clareza e permite a nossa mentalidade humana uma imagem que provém de fora de todo condicionamento.

Ao contrário, rejeitar qualquer tipo de condicionamento com a intenção de ir além dos mesmos nos confunde porque a rejeição é um modo de funcionamento muito distante de nossa natureza essencial existencial primária. Ao não podermos enxergar além de nossa confusão estabelecida pelos condicionamentos, o resultado dessa cruzada termina sendo mais do mesmo, com o agravante de correr o risco de que pareça diferente. É justamente assim como passamos a acreditar que algo mudou, quando na realidade não foi assim.

Algumas pessoas acreditam que sua cultura está em um estado mais avançado que algumas culturas antigas, devido ao transcurso da barbárie à civilização. No entanto, são somente mudanças superficiais, pois no fundo continuamos utilizando as mesmas crenças fundamentais para preencher o vazio de nossa amnésia fundamental.

Há tanta informação velada por nossas crenças e que não chegamos nem a imaginar; há tanto por descobrir no universo da mente humana, que continuar tentando resolver os problemas que nós autocriamos começa a parecer estúpido; respeitável, mas estúpido.

Entregamos cegamente o poder a nossas crenças. Talvez seja o momento de recuperá-lo.

O que você acha?

RESPIRE

O autoquestionamento cria um espaço de respiração e liberdade que os aspectos, como as crenças, evitam; porque se, por acaso, você conseguir se dar conta de que está vivo, saberá portanto que você é pura liberdade.

Por que levamos a vida tão a sério? Por acaso a vida da qual procedemos é séria? Será que a seriedade também foi inventada por nós humanos? Será que temos feito da vida algo sério sem que ela originalmente seja séria?

Quão profundo nós podemos chegar apenas nos fazendo esses questionamentos. Como tudo se torna simples quando podemos respirar e sorrir. E, por favor, não me interprete mal. Não estou dizendo que tenhamos que sorrir e nem tampouco que não tenhamos que levar a vida seriamente. Apenas estou dizendo que é possível que a história seja diferente de como nós a temos contado.

Você imagina viver a vida agradecido ao invés de sério? Imagina sorrir para essa relação tão dolorosa com aquela pessoa? Parece difícil? Talvez o difícil seja perder a capacidade de nos surpreendermos e de olhar com os olhos de nossa essência sorridente. Sim, como os bebês. Pois bem, nós conseguimos. A grande maioria de nós conseguiu banir de nosso consciente o olhar que inspira e se reconhece na plenitude de tudo o que existe e que, quando expira, emana a beleza mais sublime.

Em um verão, passeando pela orla da cidade onde eu vivia, encontrei uma mulher com cara de desespero, uma chupeta na mão, e que gritava com alguém que estava num carrinho de bebê. "Não atire mais a chupeta no chão. Eu disse para você não jogar mais no chão. Você me entende?", gritava a mulher com olhos vermelhos de cólera e com a carótida completamente inchada. Depois de dar mais uns passos, pude dar a volta e ver quem estava sentado nesse carrinho. Era um bebê de uns três meses, que sorria transbordando de alegria, com um olhar transparente e profundo, para essa mulher que, aparentemente sob seu olhar, o fazia rir. De sua parte, não havia sequer um traço de rejeição; pura compaixão em ação.

Respirar é expandir-se. Viver é expandir-se. Ser é a expansão.

Vem à minha mente a imagem desses arquivos que, por serem tão grandes, de muitos *megabytes*, temos que comprimi-los para que não ocupem muito espaço no HD, ou para poder enviá-los por e-mail. Nós fizemos algo similar. Nós nos comprimimos para nos enviarmos a este lugar chamado vida humana e esquecemos de nos descomprimir. Que irônico! Vivemos dentro de uma pasta de arquivos comprimidos, aterrorizados de sair de nossa própria pasta de compressão. Também a chamam de personalidade.

Uma pasta de arquivos não pode comprimir nem reter um arquivo. Uma pasta apenas nos oferece um espaço no qual armazenar informação, nada mais. Assim, nós é que deveríamos ativar o comando para a descompressão, mas temos medo de descomprimir e abrir nossos arquivos, porque pensamos que nosso HD não terá capacidade suficiente para suportar. Então, nós comprimimos tudo, emoções, ideias, comportamentos, relações, lembranças.

O mais irônico é que pensamos que nosso HD é nosso cérebro. A consciência universal é nosso HD. O cérebro é apenas uma pasta dentro dela.

Seguramente você já deve saber que os arquivos comprimidos não podem descomprimir-se sozinhos, já que são o efeito de uma decisão anterior à compressão e, portanto, alheia a eles. A informação para descomprimir os arquivos está fora da pasta de arquivos comprimidos.

Hoje em dia, ainda são muitas as pessoas que não chegam a realizar sua função na vida, porque vivem presas em emoções armazenadas, que esperam sua vez para serem sentidas e aferradas a lembranças, esmagadas por suas próprias crenças. Qualquer movimento de descompressão que a vida oferece é vivido como uma ameaça. Porém, também vi muitas pessoas acessarem seu sentido original de vida tão somente com um simples questionamento. Um questionamento sincero que as levou, por fim, a fazer frente a suas limitações e histórias contadas uma e outra vez, dia após dia, tendo em mente a esperança de que, um dia, algo mudaria essa história. Eu vi essas histórias mudarem, assim como eu vi mudar a de Sergi Torres.

Existem vias mentais que nos levam à descompressão de nosso arquivo original e à implementação de seus programas universais. Programas que não são regidos por nenhuma das leis a que estamos habituados. Programas ilimitados e unidos entre si, que não competem para serem exclusivos, mas que pelo contrário desfrutam de sua inclusão.

Assim é como vejo os seres humanos: programas universais, originados pela mesma fonte, mas que por um momento acreditaram em sua exclusividade. Essa crença é o programa de compressão que limita você a viver dentro de sua própria pasta, com medo de ser apagado, mas isso não altera de forma nenhuma o programa original que somos na realidade.

É muito cansativo viver comprimido. É doloroso renunciar a nossa realidade; mas por alguma razão misteriosa nós fizemos isso. E agora, por alguma outra razão, ainda mais misteriosa, somos chamados a descomprimir.

Respire.

PERMITA QUE AS COISAS ACABEM

Em alguma ocasião de sua vida você sentiu a dor gerada pela luta por manter algo que está acabando? Chamam isso de lutar pelo que se ama, mas, na realidade, é medo de perder aquilo de que você acredita que depende.

Tudo nesse mundo tem início, mas também um final. Essa é uma lei nascida de um contexto onde o tempo parece marcar o ritmo da existência. Já sabemos que isso, na verdade, não é assim e que o tempo é só uma opção que a consciência escolhe, mas nos permitamos entrar um momento nessa lei tão temida e incompreendida por muitas pessoas.

Vimos que existem dois movimentos aparentemente inversos em nosso mundo. Com frequência, adotam muitas formas: expandir-se/contrair-se, ir/voltar, ganhar/perder; mas, na realidade, são diferentes formas de sua expressão original: nascer/morrer ou começar/terminar.

Nosso próprio corpo é uma representação constante desse movimento. Algumas estatísticas mostram que em um adulto morrem uns trezentos milhões de células por minuto e nascem outras tantas. Assim, se olhamos nosso corpo por essa perspectiva, ele é um lugar onde o nascimento e a morte coexistem em um equilíbrio muito sutil.

Observe que imagem mais linda. Esse equilíbrio entre vida e morte celular de nosso corpo é o que lhe permite viver. O mesmo acontece em escala universal. O equilíbrio entre o surgimento de estrelas, planetas, galáxias etc. e seu desaparecimento é o que mantém vivo o corpo do universo. Por que não permitir que esse ciclo também ocorra em nossa vida?

Para o cérebro, é muito saudável permitir que as coisas acabem. Sabemos que não existe algo como a constância indefinida dentro de uma concepção da vida regida pelo tempo. Porém, exigimos constância de tudo porque, no fundo, sabemos que o grande final chamado morte está por chegar a qualquer momento.

Entender a natureza inconstante de nossa realidade e seu equilíbrio deveria ser uma das competências básicas dentro dos programas educacionais de nossas escolas. Porém, é muito curioso ver como se busca ensinar competências básicas que, ao invés de trazer compreensão, terminam trazendo sensações de estabilidade na vida, ao conseguir o famoso trabalho fixo com um salário que nos permita um bem-estar seguro e estável.

Graças a Deus, a vida me mostrou que a única coisa estável nesse mundo é este instante. Mostrou-me também que o presente é pura continuidade porque escapa das leis do tempo. Quando você permite que aquilo que está suportando na sua vida com o objetivo de manter vivas sensações de estabilidade acabe, então, curiosamente, a paz absoluta o alcança.

Se olhamos para isso pelo prisma das relações, quantas coisas fazemos para manter uma relação estável? Quanto tempo e energia desperdiçamos com a intenção de que algo não acabe, mas que, seguramente, acabou há muito tempo?

O esforço nasceu da estranha tentativa de conseguir que aconteça algo que não está acontecendo agora ou da tentativa frustrante de manter algo que tememos perder. Qualquer ação que tenha por objetivo manter, por exemplo, uma relação, implicará uma incongruência interna. Essa incongruência costuma ser sentida como uma renúncia sutil. Pouco a pouco, sem nos darmos conta, vamos renunciando a pequenas coisas com a intenção de manter essa relação ou um emprego. Porém, finalmente, chega o dia em que essas pequenas renúncias tornam-se óbvias e a pessoa toma consciência de que está renunciando a sua própria felicidade em troca de mascarar o medo de que algo, que está acabando de forma natural, aconteça.

Todo esse mecanismo mental, baseado na ignorância, termina quando você volta o olhar para o presente e descobre que você existe. Aí, e somente aí, você pode reconhecer que a existência é paz e alegria e que, na verdade, nada pode ameaçá-las se você escolhe viver comprometido com esse olhar honesto e consciente.

Se você permite que tudo apareça e desapareça em sua vida, dentro de sua ordem natural, você se unirá à existência. Se, ao contrário, você vive forçando que surjam situações ou lutando para que outras já existentes não morram, você viverá submetido à desconfiança, à insegurança e ao medo. Aí começa e termina nossa capacidade de escolha. O restante é orquestrado a partir de lugares de nossa consciência, aos quais não se chega sem estar, previamente, em sintonia com a Vida.

SIM, EU QUERO ME SENTIR EM PAZ, MAS COMO?

> A palavra *radical* provém, etimologicamente, da palavra latina *radicalis*, que significa "relativo à raiz".

Existe um aspecto da consciência que não é nada popular. Trata-se da mentalidade radical, que eu chamo de mente incisiva. Essa mentalidade, ou forma de usar a mente, não tem nada a ver com o significado atual que essa palavra adquiriu. Dentro do contexto da consciência, *radical* não contém traços de extremismo nem de intolerância. *Radical*, como vimos, refere-se à raiz, à base, à origem, e isso implica clareza e simplicidade. É uma mentalidade que nos leva da multiplicidade dos galhos, folhas etc., ao tronco sustentado pela raiz, que é o que nutre todo o restante.

Por exemplo, se você se pergunta se é feliz, a mentalidade radical, antes de responder, vai olhar se agora você é feliz, e se ela constata que você é 99% feliz, ela responderá que não é. A partir desse olhar, não existem termos médios, nem conclusões, nem justificativas, nem matizes que tanto costumamos gostar.

O mundo do ego é um mundo de matizes. O ego em si mesmo é um matiz da consciência absoluta. O amor, ao contrário, não tem matizes; ama de forma absoluta eternamente e qualquer forma particular ou pessoal de amar, se é verdadeira, contém a incondicionalidade e a liberdade de sua origem, o amor absoluto.

A primeira coisa que a mente incisiva faz é trazer clareza e visão ao retirar do olhar a história com a qual costumamos vestir nossas ideias e nossos sentimentos. Ela nos mostra, com absoluta clareza, se estamos em paz ou se, ao contrário, estamos nos enganando. No caso de estarmos nos enganando, a mente incisiva não se detém e segue sua viagem até a raiz.

Se sua vontade é estar em paz, a mentalidade radical primeiro lhe mostrará que não está e, em segundo lugar, lhe mostrará que não está em paz porque você não quer estar. Ela não vai acreditar em nenhuma de suas justificativas, sejam elas em forma de queixas ou de desculpas sobre porque você não está em paz. Ela não vai dar valor ao externo; sempre vai levá-lo a você mesmo, à raiz.

Esse ponto é crucial porque, até que não reconheçamos que não estamos em paz – pois ao invés da paz preferimos dar valor a outros aspectos de nossa vida – não podemos usar nossa mente para continuar aprofundando.

Diante desse nível de radicalidade e honestidade, a mente dispersa costuma reagir em oposição. Isso se deve ao fato de ela acreditar que, sim, quer a paz, mas ainda não se dá conta de que essa vontade não é clara, mas está distorcida e condicionada por matizes, expectativas e exigências pessoais. Um claro exemplo disso são os pensamentos do tipo "eu quero sim me sentir em paz, mas não quero perdoar minha ex", ou "eu, sim, estaria em paz se tivessem me dado esse trabalho" ou "eu estarei em paz quando ganhar na loteria".

Quando esses pensamentos aparecem, a mente não habituada com a honestidade, deixa de lado seu mais profundo desejo e começa a se distrair com dúvidas sobre a paz. A mais comum é perguntar como eu consigo. Porém, um bebê quando começa a dar seus primeiros passos não se pergunta como fazer isso. Igualmente, quando pequenos começamos a desenhar, não nos perguntamos como. Tampouco quando nos sentamos pela primeira vez em uma bicicleta para aprender a pedalar nos perguntamos como.

A vontade interna é tão limpa e tão clara que transforma os desafios em aventuras. Agora nós já sabemos que as perguntas "Como posso ser feliz?", "Como posso estar no presente?", "Como posso deixar de estar em conflito com essa pessoa?", são na verdade mecanismos da mente para nos distrairmos e nunca conseguirmos o que aparentemente ela está querendo.

Muitas pessoas, por exemplo, querem estar em paz todo o tempo e se perguntam durante toda sua vida como conseguir isso. Essa pergunta não permite ver que a paz não tem nada a ver com a sensação de paz, mas que se chega a ela sentindo o que se está sentindo agora mesmo, até chegar a sua raiz. Ali não há "como", ali há uma decisão. A mesma decisão de subir na bicicleta. Aí não há dificuldade, há pura vontade que se manifesta na ação presente de levar a cabo o que se quer.

NÃO EXISTE TÉCNICA, NEO

Menino: "Não tente dobrar a colher. Isso é impossível. Ao invés disso, apenas tente se dar conta da verdade."
Neo: "Que verdade?"
Menino: "Que não existe colher."
The Matrix (1999)

Nada nesse mundo é menosprezável. Tudo possui um sentido maior do que nós podemos conceber. Nada é bom ou mau, nem útil ou inútil se olharmos para isso com um olhar inocente e aberto à descoberta. Buscar a técnica que nos tire de nossa ignorância ou, inclusive, acreditar que a encontramos e praticá-la não é mau nem inútil. Tampouco o ato de tentar dobrar a colher. Eu, por exemplo, escovo os dentes todos os dias com uma técnica que um dentista me sugeriu: "De cima para baixo e de baixo para cima", me disse o bom homem.

Alguém me perguntou em uma ocasião se a meditação é útil para despertar a consciência. "Não sei", respondi. A meditação em si não é nada, não existe. Para que a meditação aconteça, é necessário um meditador. Quando o meditador medita, a meditação aparece. O interessante da questão é que essa meditação nunca chega a ser aquela que nos foi ensinada, mas a meditação que nós entendemos que nos era ensinada a partir de nosso estado mental de "necessidade de meditação". Quer dizer, a partir de nossa ignorância.

Ao entender a meditação a partir da ignorância, para que esta tenha sentido, teremos que inventar um significado pessoal para tal meditação. Talvez inventemos uma expectativa ou uma função que nos motive a realizá-la; mas agora nós sabemos que esse sentido inventado é dado por nós a partir de uma mentalidade ignorante. Isso que acabamos de ver é muito óbvio, mas passa completamente desapercebido para alguém que, ao invés de olhar a meditação, olha suas próprias expectativas sobre a meditação.

Quando o meditador se dá conta de que a meditação só existe quando ele medita, descobre o que é a meditação. É aí que desaparecem os significados inventados para que a técnica tenha algum sentido. Esse dar-se conta é um aspecto da realização, mas não vem dado pela meditação, mas sim pelo meditador. "A meditação é útil?", me pergunto. Quem sabe? Alguns pensarão que, graças à meditação, o meditador se deu conta de que a meditação não existe. Outros se darão conta de que sim, a meditação não existe, nunca existiu e não foi nem útil nem inútil em nenhum momento.

Esse é um dos lugares da mente aos quais se chega se realmente se deseja lembrar quem se é. É um lugar a partir do qual se vê que não existe nada que possa ser julgado, apreciado nem desapreciado. Você se dá conta de que, para que exista algo pessoal, antes você tem que pensar nele. Se não pensa, ele não existe. Se não medita, não há meditação.

Para que eu pudesse ensinar uma técnica que, por exemplo, lhe trouxesse paz, primeiro eu teria que deixar de respeitar seu momento presente e teria que menosprezar, também, o "como você é agora", para, em seguida, inventar algo que necessite ser mudado com o propósito de que, ao mudar, você acabe se sentindo em paz. A seguir, eu deveria criar uma técnica que ajudasse você inicialmente a acabar com o que eu inventei para ser mudado em você e que, em seguida, levaria você ao seu presente e sua perfeição, que é onde está sua paz. E, depois de tudo isso, eu me penduraria uma medalha. "Você está em paz porque eu lhe ensinei essa técnica", diria a mim mesmo, orgulhoso de minha técnica. Mas não há nenhum sentido e é muito cansativo fazer tudo isso, não é?

Muitas pessoas praticam e praticam técnicas. Técnicas muito válidas e carregadas de sentidos pessoais. Inclusive, algumas dessas pessoas se reúnem ao redor da prática de uma técnica para gerar a sensação de comunidade e se sentirem parte de algo.

Com isso, não pretendo menosprezar nada, porque sei que tudo, ao final, adquire um sentido verdadeiro quando levado ao mais profundo do ser. É aí que, depois de décadas praticando uma técnica, a prática dá frutos e isso o leva a descobrir que não existe técnica e que você nunca praticou nada porque tudo transcorreu em um instante singular chamado presente. Você descobre que tudo o que vê é o fruto de uma interpretação de sua mente.

Em contrapartida, nós seres humanos decidimos viver por meio da acumulação de experiências. Dessa possibilidade de acumular instantes, surge também a possibilidade de chegar a acreditar que se é um mestre, graças às horas acumuladas de prática. A iluminação não chega por meio de horas e horas de prática como quando aprendemos a tabuada. Na realidade, nós nunca chegaremos a nos iluminar, porque já estamos iluminados em todos os momentos. Outra coisa é que, no seu exercício de honestidade, você assuma que não percebe sua iluminação e busque uma técnica para perceber seu estado mental genuíno. Se a técnica e sua prática são honestas, a técnica estará se "destecnificando" a si própria o tempo todo.

Se você não permite que a técnica se desvaneça, vai precisar de um instante a mais para seguir praticando a técnica, um instante diferente desse, quando, por fim, aprender uma técnica que ensine a estar presente nesse instante que já se foi. A técnica sempre chega tarde. O valor da técnica está em descobrir que você não necessita dela, e ainda que existam técnicas pensadas com a finalidade de situar você no presente, a maioria delas foi criada por seres humanos que dependem de que você pratique sua técnica. E quem disse técnica, disse curso, palestra ou livro. O valor autêntico de todas essas belas ferramentas está em poder transmitir através delas que não podem lhe trazer nada que já não esteja disponível em seu presente.

As práticas mais elevadas e os mestres mais elevados apontam para o "não-mestre" ou para a "não-técnica". Pode ser que tenham em sua vida o papel de mostrar-lhe algo, mas estarão constantemente lhe devolvendo sua responsabilidade e seu poder. Sabem que se não o fizerem, estarão se prendendo a seu papel de mestre e qualquer mestre desperto conhece a dor e a falta de sentido de fazer isso.

Quando você assume sua responsabilidade e seu poder, então você se dá conta de que tudo o que lhe está sendo dado agora mesmo em sua vida é sua prática. Como se veste, como respira, o que pensa, o que sente, quem o acompanha, tudo isso é a prática que lhe ensina a ver para além de seus limites.

Curiosamente, preferimos praticar uma técnica que rejeite tudo isso que acabo de nomear, porque sem ela tudo nos parece insuficiente. Demasiado simples, pensamos. Onde está a técnica que complique tudo um pouquinho para que, assim, eu me entretenha e não tenha que enfrentar meu sofrimento?

Para chegar a alcançar algo, antes tenho que negar minha plenitude. E uma vez negada minha plenitude e sentir-me vazio, vou buscar uma técnica que me leve à plenitude. No entanto, sentir-me vazio completamente já é minha experiência plena, é minha prática.

Contudo, se você pratica atualmente uma técnica, por favor, continue praticando-a. Não dê atenção a nada do que foi exposto aqui, porque, graças a essa prática, você se expõe a descobrir que já é pleno agora.

A LEI DA ATRAÇÃO 2.0

> Dentro de uma mentalidade universal
> nada atrai nada, porque tudo é tudo.

Algumas pessoas se encontram em meio a um dilema entre duas opções. A opção de viver a vida tal como ela é, dando as boas-vindas a tudo o que acontece, ou a de pôr mãos à obra para fazer com que as coisas aconteçam como se quer que aconteçam. Dentro dessa segunda opção, surgiu a modalidade de atrair para nossa vida aquilo que queremos atrair. Ela é chamada de lei da atração: você atrai aquilo que você deseja atrair.

Para atrair qualquer coisa, antes temos que escolher o que queremos atrair. É aqui que surge o mais interessante: a quem escutamos como assessora na hora de escolher nossos objetivos? A nossa necessidade. Antes de escolher o que queremos atrair, existe uma escolha prévia que com frequência passa desapercebida: a escolha de transformar nossa necessidade em nossa grande assessora. Ao desejar atrair com base na necessidade, o que terminamos "atraindo" é mais necessidade.

Suponhamos que eu acredite necessitar uma relação amorosa e comece a desejá-la. Eu me foco e desejo uma parceira. Eu a desejo com algumas características muito detalhadas para que a vida ou o

111

universo não se equivoquem na sua entrega. Mas não me dou conta de que, na realidade, estou tentando preencher uma necessidade e, ao não ser consciente disso, acredito que a necessidade se resolverá quando eu consiga a pessoa que desejo.

O que o universo escuta é: "Quero suprir essa necessidade". E o universo responde que você não necessita de nada porque você é consciência universal e na condição de consciência universal não pode experimentar nenhuma necessidade que seja real. Sim, você pode imaginá-la e, portanto, transformá-la em algo tão vívido como deseja, mas, por mais que você foque sua atenção na necessidade, jamais a tornará real. Insisto, sim, você pode imaginá-la e, ao fazer isso, você a verá e, ao vê-la, acreditará que existe.

Agora, usemos tudo isso de forma honesta e permitamos à lei de atração transformar-se em autoconhecimento baseado na plenitude e não na necessidade. Antes, você deve saber que tentar manifestar suas necessidades com sua mente não está mal e nem é errado. Qualquer coisa que você faça, se a faz conscientemente, terminará lhe mostrando a verdade.

Aqui, estamos atendendo incoerências, não coisas boas ou ruins, nem mal ou bem-feitas. Paradoxalmente, tampouco cabe a mim mostrar a você suas incoerências; essa tarefa é sua. Mas, sim, cabe a mim permitir que ocorra um contexto suficientemente honesto, para que minhas incoerências sejam óbvias e, portanto, as suas também. Não se esqueça de que somos o mesmo Ser. Agora sigamos adiante.

Se acredito que devo continuar tentando atrair coisas para a minha vida, é interessante que eu o faça para assim poder "des-cobrir" minha necessidade. Como? Retirando minha atenção por um momento daquilo que desejo e situando-a em mim. Desse modo, minha consciência começa a se restaurar. Observe que, quando coloco a atenção em conseguir um objeto, preciso de tempo para que isso aconteça. Porém, se coloco a atenção em mim, imediatamente encontro a mim mesmo. Ao me encontrar posso me ver e é aí que a necessidade que eu não via antes torna-se óbvia.

Somente quando posso olhar de frente essa necessidade posso sentir suas sensações e ver que o que sinto na realidade não é necessidade, mas vazio. E somente quando olho o vazio e o sinto completamente em mim, posso sentir suas sensações e me dar conta de que o que sinto é vazio de ego. Esse vazio de ego é a plenitude do ser, a ausência de necessidade ou realização. Uma pessoa realizada perde o hábito de desejar e é aí que nasce o hábito de agradecer.

Poucas pessoas sabem que por trás da solidão, do desejo, da culpa ou da necessidade, há plenitude, porque poucas pessoas fazem esse caminho para dentro. A maioria das pessoas usa sua mente para tentar encobrir essas sensações com coisas ou pessoas. De novo, fazer isso não é incorreto, simplesmente será coerente ou incoerente em função do uso que você lhe der ou de qual seja seu propósito verdadeiro. Assim, você passa do ter ao Ser.

Uma vez que nos damos conta de que somos tudo, vemos claramente que não podemos atrair nada ou ninguém. Tudo emerge diante de você para que reconheça sua unidade com isso ao invés de se apropriar dele.

Cada vez que desejo atrair o que eu penso que necessito, estarei confirmando que não sou pleno. Assim, em vez de potencializar o acesso ao que desejo, estarei desejando continuar me sentindo escasso e vazio. Isso vai me levar a não me sentir satisfeito com nada. Isso lhe soa familiar? Alguma vez você conseguiu aquilo que acreditava necessitar para se sentir pleno e, ao obtê-lo, surgiu outra necessidade ainda maior para satisfazer?

A insatisfação persistirá até que você descubra o que há por trás de sua intenção de desejar atrair aquilo que você acredita necessitar. Finalmente, a pessoa se dá conta de que por trás de todo desejo pessoal existe uma tentativa de controlar a vida. E é curioso que, até que não saibamos quem somos, não compreenderemos que somos vida e que não existe a necessidade de controlar nada.

A desconfiança frente ao que eu acabo de expressar é o alimento das mentalidades que continuam se autoconvencendo de que, algum dia, quem sabe, conseguirão controlar suas vidas e ser felizes. Graças a Deus, termina-se cansando de tentar isso. Sidarta Gautama se cansou, sentou-se para ver e viu. Ver o transformou em Buda.

Se você sente alguma necessidade, não fuja, não a esconda; sente-se e olhe para ela. Se a olhar, você a verá e, ao vê-la, saberá que ela não existe. Se foge dela ou a esconde, fuja e esconda-a, porque em breve você se cansará de fazer isso.

O MISTÉRIO DA MENTE HUMANA

Não há fim para a mente universal.
Então, trancar a sua dentro de seu crânio não tem sentido.

Todos os minerais que compõem nosso corpo vêm dos minerais que nosso planeta Terra contém. O cálcio, o ferro, o iodo, o zinco, o sódio, o potássio, o magnésio e outros em menor quantidade, como o selênio, o cobre e o ouro, por exemplo, fazem parte de nosso organismo. Esses minerais se originam das cinzas das explosões de antigas estrelas. Quando essas cinzas se condensaram, elas formaram nosso planeta Terra, do qual surgem os minerais de nosso corpo. Podemos dizer que a origem de nosso corpo é pó de estrelas.

Acontece o mesmo com nossa consciência, que provém da consciência universal e que tomou forma física ao se condensar. Para reconhecer nossa consciência universal e nosso corpo estelar, antes devemos olhar para além dos limites de nosso pequeno eu. Para ver além de nossa humanidade, devemos aprender a usá-la de forma completa. Me acompanha?

Justo nesse preciso instante, sou consciente de minha mente humana, agora mesmo. De novo, justo agora, sou consciente de minha mente humana. Observe que as duas frases que você leu, foram lidas no presente, mas, para que a mente humana possa compreender isso, ela diz a si mesma que uma foi lida antes e que a outra foi lida um instante mais tarde. Mas, na realidade, a mente humana só existe agora.

    O curioso de minha mente humana é que quando olho para ela, ela não se deixa ver facilmente. É como se ela fosse envergonhada. Ela se esconde atrás de seus pensamentos, desejos e medos. Mas, de repente, justo agora e só agora, sou consciente de minha mente humana.

    Os pensamentos que emergem, com a intenção de chamar minha atenção, apontam para o passado. Alguns deles parecem ser velhos conhecidos, como se fizesse muito tempo que eu os pensasse, mas, se eu for honesto, somente agora sou consciente de minha mente humana. Isso implica que todo pensamento se origina no presente. Justo agora, minha mente e toda sua história "passada" surgem na consciência. Justo agora.

    Para mim, é um mistério apaixonante poder olhar minha mente humana e ver como se ela tivesse estado sempre aí e como se eu fosse ela. Mas, na verdade, está aí como um vazio, tentando dissimular com pensamentos e lembranças que, ainda que não tenham utilidade real, estão ali tentando dar sentido ao presente convertendo-o em passado.

    A mente humana não pode ser pensada a partir do passado nem do futuro. Porém, ela pensa muitos pensamentos com sensação de passado e sensação de futuro só com a intenção de dar a si mesma a sensação de tempo e longevidade. É uma forma muito interessante de dar-se valor dando-se tempo. No entanto, é somente justo agora que sou consciente de minha mente humana. Não posso vê-la antes e nem tampouco depois. Mais uma vez, em relação às lembranças, se observar verá que apenas pode pensar pensamentos que, quando os pensa agora, lhe dão a sensação de que provêm "do antes". Curioso, não é mesmo? Nós os chamamos de lembranças, mas continuam sendo pensamentos do presente e que nos falam do passado.

Somente agora posso ver minha mente humana, mas como ela pode pensar pensamentos com sensação de passado, a mente, quando se vê a si mesma, acredita que sua origem está no passado e ao acreditar nessa falsa origem, se permite também a conclusão de que ela tem um tempo futuro no qual pensar.

Não existe nenhum pensamento que você possa pensar antes ou depois. Apenas existem os pensamentos que você pensa agora, mesmo que eles estejam cheios da sensação de antes ou de depois. Não é fascinante? É como se a mente se fizesse um "autotruque" de mágica no qual ela engana a si mesma para se assegurar um tempo no qual viver. Porém, é justo agora que vejo minha mente humana; nem antes e nem depois.

Descobrir isso lhe dá acesso à liberdade absoluta, mas, cuidado, não depois, agora! E aqui, querido amigo, ninguém quer estar, porque aqui todo o conhecimento proveniente do passado balança e nada fica em pé. É por isso que muitas pessoas buscam o presente por meio de uma técnica ou prática com a qual consegui-lo, mas não agora, e sim depois.

Aqui e agora é quando se escuta o silêncio no qual tudo acontece simultaneamente, onde tudo é unidade, onde sua consciência corporal se transforma em estelar e a sua consciência pessoal em um universo.

O DOM DE SABER RECEBER

A abundância humana é um estado mental
em que a única coisa que falta é o medo.

Imagine por um momento que você é como uma dessas antenas parabólicas que se costumam ver nas sacadas e nos telhados das casas, mas que ao invés de estar sintonizado com um satélite, você estivesse sintonizado com todo o universo. Mas, quando digo universo, não me refiro a um lugar com planetas, asteroides, sóis e outros, me refiro a sua consciência. Dentro da consciência universal existe um campo infinito de informação no qual se encontra a consciência de unidade, a consciência de eternidade e a consciência de infinito.

Somos seres nascidos de e em um universo-consciência, eterno e infinito. Mesmo que a percepção de nossa origem seja muito local, temporal e físico-biológica, isso não tem porque nos confundir na hora de reconhecermos nossa origem universal. A consciência que nos permite ser conscientes de quem somos em nosso mundo pessoal, existe dentro de um vasto campo de inteligência que acaba sendo inalcançável a partir de nosso prisma humano.

Somos seres nascidos de uma ação de expansão que este universo realiza. Somos o efeito de uma ação de dar e, como tal, nos tornamos receptores de vida, sendo, por sua vez, essa vida que se dá a si mesma através de nós. Nossa natureza essencial nasce de um ato de dar que o universo exerce e isso nos torna receptores de vida universal.

Retornemos um instante à imagem da antena parabólica. Observe que, tendo a possibilidade de sermos conscientes dessa consciência universal, decidimos, ao invés disso, apertar "exclusivamente" o botão de nosso controle remoto pessoal que sintoniza com o canal de televisão "eu". A palavra "exclusivamente" implica excluir as demais possibilidades. Porém, a possibilidade de ver somente o canal "eu" não impede que a antena continue com seu potencial de receber qualquer dos canais universais que, certamente, nunca deixam de transmitir.

A chave, então, está em ser consciente também da antena, ao invés de somente da tela do televisor. Se você descobre a antena, então pode viver seu canal pessoal sem esquecer de que isso que ocorre aí em sua tela está sendo oferecido por um universo inteiro que se reconhece em você.

A coisa mais preciosa que um ser humano pode chegar a receber é justamente esse reconhecimento, porque nele está tudo. Nosso enfoque mental de hoje em dia sofre de amnésia. Nós nos percebemos como se fôssemos seres isolados e quando acreditamos nessa percepção, sem nos darmos conta, esquecemos nossa integridade e passamos a nos comportar como se a tivéssemos perdido, ao invés de simplesmente tê-la esquecido. Quando isso acontece, viajamos do universo do receber até o mundo do necessitar. Uma vez que tenhamos aterrissado nesse mundo da necessidade, surge a exigência, que projetamos em direção ao denominado "mundo exterior". E, dessa exigência, rapidamente, passamos para a dependência.

Sentimos necessidade e nos desfazemos dela projetando-a para fora e, uma vez projetada, passamos a depender da projeção para satisfazer essa necessidade. Não é interessante? O que pode ser mais louco que isso? Vale a pena ver novamente.

Ao perder de vista o universo doador de vida, pensamos que nós existimos por nossa conta e que temos que ganhar o pão de cada dia. Isso nos leva a necessitar de coisas, pessoas, situações, reconhecimento, emoções, sexo, bem-estar, apenas para citar algumas. Essa necessidade nos leva a exigir dessas mesmas coisas citadas que nos deem aquilo que nós queremos receber delas. E, finalmente, essa exigência se torna, por si mesma, dependência de todas essas coisas. Se observar, verá que esse é um processo de degeneração do ponto de origem da unidade (plenitude/realização) até o ponto final de dependência daquelas coisas que queremos que nos façam sentir plenos e realizados.

Então, o dom de saber receber não é o que se desenvolve em um curso de prosperidade, com o qual irá conseguir materializar suas necessidades, como um trabalho ou a alma gêmea, tão frequentemente desejada. Mais do que isso, esse dom é uma característica inerente a todos nós, fruto do reconhecimento de nossa natureza íntegra e completa, pelo fato de ser consciência.

Uma vez descoberta a fonte da abundância, o restante lhe será dado por acréscimo, porque é acréscimo. Isso significa que você tem seu trabalho e seu novo amor, mas sem a quantidade de sofrimento previamente "contratado" por acreditar que você dependia deles. Se você observar, verá que o grau de sofrimento antes de ter o que você conseguiu depois do curso de prosperidade é o mesmo que depois de tê-lo conseguido mas, agora, buscando não perdê-lo.

A verdadeira abundância não depende nem daquilo que se manifesta em sua vida, nem das circunstâncias nas quais se manifesta: depende somente de sua fonte. Você tem o dom de receber essa abundância porque essa é sua identidade. Não é algo que é dado a você para que, em seguida, possa perdê-lo. É um estado da mente que é consciente de sua origem e, portanto, de sua plenitude.

Uma mentalidade íntegra sabe, ao ler essas palavras, que aqui não estamos menosprezando nenhuma maneira concreta de alcançar a prosperidade, nem nada que considere que lhe faça próspero em sua vida. Estamos convidando a olhar a partir de uma perspectiva da abundância que inclui tudo o que se vive em seu cotidiano e que, por sua vez, olha para além da necessidade. Esse é um olhar que o leva do medo de perder, por exemplo, um trabalho ou uma relação amorosa, por acreditar que necessita disso, à alegria do momento presente, no qual a abundância se revela por meio de sua presença livre de necessidades.

A abundância humana é um estado mental no qual a única coisa de que se carece é o medo. A partir desse enfoque universal da mente, ao não conter medo, não se sente a necessidade, a exigência e nem a dependência de nada nem de ninguém. Você não pertence a ninguém e ninguém pertence a você. Você é livre e dá liberdade.

É impossível dar o que não temos e é impossível ter sem dar. Este é outro dos grandes paradoxos que os seres humanos devem resolver, colocando-os em prática ao invés de conceitualizá-los. A plenitude não é um conceito, é um fato.

Quanto mais aberto a dar, mais aberto a receber; quanto mais aberto a receber, mais aberto a dar, porque na realidade dar e receber são a mesma coisa. A partir da perspectiva da consciência de unidade, dar e receber são duas formas diferentes do mesmo gesto de extensão. É por essa razão que, quando amamos alguém, os primeiros a receber e sentir esse amor somos nós; da mesma forma quando sentimos ciúmes de alguém, os primeiros a receber e a sentir esses ciúmes novamente somos nós mesmos.

O movimento feliz sempre é extensão. Você recebe da fonte como gesto de extensão dela e dá como gesto de extensão também da fonte por meio de você. É como se você fosse uma represa construída em um rio que recebe a água de sua fonte e que a dá da mesma maneira que a recebe. Receber e dar essa água são um movimento natural de expansão da fonte dessa água.

Agora o desafio é não nos tornarmos um obstáculo dentro desse fluxo infinito e eterno de consciência feliz.

COMUNICANDO COM OS OUTROS: UM, DOIS, TESTANDO, TESTANDO

A sensação mais surpreendente que senti dentro desse estado da mente chamado "sou uma pessoa" é a do isolamento do restante do universo.

Você viveu alguma vez a necessidade de ser compreendido por outra pessoa? Eu sim. Além disso, buscava ser compreendido de tal maneira que eu queria que o que eu dissesse fosse recebido pela outra pessoa exatamente como eu dissesse.

Isso implicava que, para ser totalmente compreendido, quem me escutasse deveria sentir as mesmas sensações e a mesma emoção que eu sentia ao me expressar. Isso implicava, também, que, enquanto eu me explicasse, tinha que tentar desencadear esses sentimentos e emoções na pessoa que me escutava para conseguir ser escutado como eu queria ser escutado. Uma grande façanha!

Após décadas de especialização na arte de ser escutado, acabei descobrindo que fazer tudo isso não tem nenhum sentido. De fato, nunca teve. Agora entendo que essa tentativa, exigida do outro e perpetuada durante um tempo, faz, por exemplo, com que pessoas que acreditavam se amar muito terminem sentadas diante de um juiz, competindo pela guarda de seus filhos como forma de vingança mútua. De fato, elas estiveram competindo para ser escutadas a maior parte do tempo que passaram juntas.

Desde muito jovem, de algum modo, sempre me surpreendeu a incapacidade de me comunicar plenamente com as outras pessoas. Cheguei a chorar para ser compreendido completamente por outra pessoa. Nunca consegui isso. Sempre tive uma sensação interna de algo inacabado, de algo não totalmente comunicado.

Eu me lembro como essa situação acontecia com frequência em minhas relações. Mais cedo ou mais tarde, chegava o momento em que a necessidade de ser compreendido ocupava o protagonismo da relação. Cheguei a me sentir profundamente frustrado, decepcionado e triste por não conseguir encontrar ninguém com a capacidade de me escutar. E isso sem a capacidade de me dar conta de que eu era a causa dessa incompreensão. Eu não via que, enquanto escondesse alguma coisa em mim, a comunicação não poderia ser plena porque eu não permitiria aos outros chegarem totalmente a meu coração; coisa que eu fazia para não ser totalmente visto e continuar escondendo minhas sombras pessoais.

Quando descobri que carecia de uma boa comunicação comigo mesmo, pude reconhecer porque eu exigia dos outros essa compreensão. Hoje em dia, o hábito de querer ser escutado pelo outro foi substituído por uma autoescuta amável comigo mesmo. Essa autoescuta se traduz em autoatenção, autorrespeito e autoestima.

Dessa comunicação consigo mesmo nasce a comunicação com todo o restante. A mente não entende de fronteiras nem de limites. Tudo aquilo do qual você é consciente faz parte de você. Por essa razão, quando você se abre completamente a si, se abre a todos e a tudo.

Enquanto essa conexão consigo mesmo não for despertada e cuidada, as palavras e os gestos, por mais sutis, elevados ou contundentes que pretendam ser, não vão além de sua própria mente. Por isso, uma das maiores frustrações do ser humano hoje em dia é não poder encontrar sua plenitude no outro. Sem sermos conscientes disso, nós nos comunicamos todo o tempo com nossas próprias ideias, com nossa versão dos fatos. E como cada um tem as suas, não é de se estranhar, então, que terminemos defendendo nossa perspectiva das coisas e tentando convencer o outro para que entre em nosso contexto mental e sejamos compreendidos. Compreender é unir-se, mas não posso ver que tudo está unido já de antemão em sua origem se eu não estiver antes unido e íntegro em mim mesmo.

Quando a importância pessoal desaparece, volta a comunicação com o universo e, então, a comunicação da forma tal como a entendemos desaparece também. Não resta nada a comunicar e nem ninguém a quem comunicar. De fato, comunicar significa unidade. Comunicador, comunicado e receptor são uma coisa só. Compreender significa ser. Se acredito compreender, mas não sou consciente de que sou aquilo que é compreendido, então não compreendi absolutamente nada. Somente estarei inventando o pensamento "já compreendi", mas nada mais.

Pensar que compreendi não é compreender; é somente pensar que compreendi. Seria algo assim como se eu fosse um físico quântico e desse palestras em universidades sobre a mecânica quântica, explicando que o observador cria aquilo que observa e, em seguida, não assumisse a responsabilidade por uma situação de minha vida como, por exemplo, que alguém tivesse me roubado dez mil euros.

Necessitamos acreditar que compreendemos as coisas ao invés de realmente compreendê-las, porque compreendê-las significa ser e ser produz o desaparecimento de nossa tão estimada importância pessoal. Quando descobrimos essa farsa, nosso mundo isolado e nosso "eu" se abrem e nos lembramos que estamos sendo pensados pela consciência universal. A comunicação se restabelece e desaparece a percepção separada. Já não há nada nem ninguém, só amor.

A MOTIVAÇÃO E O BATIDO DE FRUTAS ÁCIDAS

> Preferimos lutar para aprender do que nos motivarmos a sentir o que sentimos agora mesmo e aprender com isso.

Esta é uma receita qualquer de um batido de frutas ácidas rico em vitamina C, à base de cítricos, que encontrei na internet. Pega-se o suco de uma laranja, uma lima e uma maçã verde com um litro de água, uma colherada de flocos de aveia e uma xícara de couve. Bate-se tudo e serve-se em um copo. O resultado é uma vitamina, ou batido, de sabor ácido.

Pessoalmente, os sabores ácidos não são agradáveis para meu paladar. Por sorte, a receita inclui a possibilidade de acrescentar mel a gosto. Se eu acrescento mel ao batido com base no meu gosto, é muito possível que o suco passe a ter um gosto doce. E aqui começa o interessante.

Meu suco com gosto doce contém o mesmo sabor ácido que o suco original. O sabor ácido está ali, porque o suco contém os mesmos ingredientes ácidos, mas ele não é percebido porque o mel o mascara. Assim, o mel é uma forma de enganar o meu paladar.

A função do mel no meu suco é a de esconder algo que eu não gosto, e essa é a mesma função que esperamos da motivação. Acrescentamos colheradas de motivação a nossos estados de ânimo e as usamos para encobrir um vazio interno de amarga insatisfação que não gostamos de saborear.

Se acreditamos que aquilo que deixamos de sentir desapareceu porque agora nos sentimos motivados, corremos o risco de depender da motivação. Aquilo não desapareceu. Continua ali, esperando para ser atendido quando a névoa da motivação desaparecer e a realidade do que escondemos possa ser vista.

Saber isso pode ser interessante na hora de não necessitar de algo que dissimule aquilo que sentimos em tempo real e que, na verdade, está sendo sentido para que possa ser transformado em pureza. Os sabores originais são puros e essenciais. Você gostará deles ou não, mas são autênticos. Essa autenticidade nos lembra a autenticidade de nossa existência. Ela nos devolve a sanidade da experiência de vida sem medo de sentir algumas coisas e nos devolve a alegria da infância de poder nos abrirmos para investigar tudo aquilo que acontece em nossa preciosa vida.

A vida sempre é fruto da receita original. Somos nós que vamos atrás das pessoas, das situações e das coisas, tentando acrescentar-lhes um pouquinho dessa substância de que tanto gostamos para que tenham um sabor melhor. E sim, é possível que elas tenham um gosto melhor sob nosso ponto de vista, mas, ao final, isso acaba sendo insatisfatório porque esse sabor não é o autêntico.

Ao longo de sua vida, quantos momentos você tentou "adoçar"? Quanto "mel" você teve que "inventar" para "adoçar instantes, relações, decepções e desejos não atendidos", sem antes se perguntar que "sabor" tinha aquela situação ou que "sabor" tinha determinada pessoa ou emoção?

Não estou dizendo que a motivação seja ruim, nem que o mel também seja. De novo, nada é bom nem ruim por si mesmo. Sim, é possível que a motivação deixe de ter sentido se nós a usamos com a finalidade de deixar de nos sentir. Nesse caso, a "doce" motivação vai "adoçar" logo ou vai precisar de uma grande quantidade de "mel" para poder se manter viva.

Qual é o custo final de nossa caprichosa escolha emocional?

O SUICÍDIO E O ACELERADOR DE PARTÍCULAS PERSONALIZADO

O sofrimento tem me mostrado que o único caminho verdadeiro é o amor. Não porque seja o melhor caminho ou porque outros sejam maus, mas porque ele é o único com sentido próprio.

Certa ocasião, recebemos um e-mail de uma pessoa que expressava seu desejo de acabar com sua vida. Entendo que é um desses momentos na vida no qual uma pessoa nunca quer chegar, mas quanto mais a pessoa tenta sair, mais ela entra; como na areia movediça. Esse é o momento na vida de uma pessoa em que a solidão mais profunda, a confusão e a dor se fazem tão e tão óbvias que elas parecem ser insuportáveis. Nesses momentos, não se vê outra saída além da morte, porque se pensa que a morte põe fim à vida. Curiosamente, a morte não põe fim a nada, porque nossa vida não vem determinada por nosso corpo, mas por nossa consciência. Assim, a morte não é a saída. Onde está a saída?

Uma pessoa que deseja acabar com a própria vida acredita ter percorrido todas as possíveis maneiras de sair de seu poço particular, mas não é assim. Ainda restam mais caminhos, mas nós não os vemos devido à confusão. Em momentos de confusão, não tem nenhum sentido perguntar à confusão que caminho devemos tomar, e isso é o que normalmente nós fazemos quando estamos confusos: perguntar à confusão onde está a saída.

Em muitas ocasiões parece que a vida é grande demais, mas em realidade, somos nós mesmos que nos vemos pequenos e limitados, adormecidos em uma realidade inquestionável que tem o efeito de uma jaula. De novo, a maneira que temos de nos vermos é muito pouco inteligente e, com frequência, lamentável.

Eu gosto de me deitar com a barriga para cima e ver as nuvens. Há dias de vento em que elas se movem com tal velocidade que mudam constantemente de forma. Em contrapartida, outros dias elas se elevam majestosas, suspensas no céu e aparentemente imóveis. Algumas conseguem escurecer o céu inteiro.

Gozamos da liberdade de ver as coisas conforme nosso desejo e isso implica poder escolher ver nossa vida a partir de uma perspectiva obscurecida por uma nuvem. Inclusive, pode parecer que essa nuvem esteja aí imóvel fazendo sombra a seus sentimentos, mas isso não é certo.

Muitas pessoas, em nossa época atual, se esquecem de terem tomado a decisão de estar justo onde estão; se esquecem que não houve sorte nenhuma, nem da boa, nem da má. E a saída verdadeira está justo nesse reconhecimento. Na realidade, essas pessoas não querem acabar com a própria vida; o que querem é acabar com a morte, porque, sem se dar conta, ao longo da vida, decisão após decisão, escolheram não viver o que se passava nela, acumulando, assim, morte. Não nos livramos dessa morte acumulada morrendo, mas, ao contrário, vivendo. Decidimos descer da bicicleta antes de voltarmos a cair, esquecendo que o que mais sonhávamos era andar de bicicleta.

Parece que queda após queda estas obscureceram nossa vontade de viver, mas somente parece. Na realidade, não querer viver é só uma decisão temerosa que tenta fugir do medo. Recordo de algumas ocasiões nas quais eu quis "descer da bicicleta". Agora posso ver esses instantes sem me enganar. Não foram situações duras, foram momentos nos quais não quis enfrentar minha experiência de vida. Foram situações nas quais eu tomei a decisão de acreditar em meu medo e permitir que ele tomasse decisões por mim. Pensamos que as decisões baseadas no medo são as que mais segurança nos darão; mas, nada mais distante da realidade, pois o que acontece é bem o contrário.

O problema não é que tudo pareça muito obscuro. Há muitos momentos de obscuridade na vida de qualquer pessoa. O problema aparece quando, deixando-nos assessorar pelo medo, decidimos romper a comunicação conosco mesmos, para assim deixar de sentir, e terminar não nos responsabilizando pelo que implica existir. Assim, rompe-se a comunicação com a vida, com o universo, com o AMOR em letras maiúsculas. Isso é estar morto em vida. Então, se a saída fosse a morte, nós já seríamos completamente felizes porque a maioria de nós vivemos completamente mortos.

A saída que busca quem quer viver em paz consiste em restabelecer a comunicação consigo mesmo. Na realidade, esse restabelecimento de comunicação consiste em restaurar a conexão com a parte mais essencial e básica. Sem essa comunicação, nada serve. O máximo a que alguém pode chegar, sem antes restaurar essa comunicação, é anestesiar totalmente a dor que causa a perda, por parte do cérebro, do sinal que o coração emite. Nessas condições, perdemos de vista o sentido da vida. Assim, decidimos não ser mais crianças e obscurecemos a inocência e a transparência. A intensidade deixa de ser a fonte de vida para ser um fantasma temido.

Tenho sido testemunha de como a mente busca oferecer todas

as razões possíveis para acreditar que o problema não está em sua causa, mas em seus efeitos. Ou seja, que acreditamos que não somos a causa de nossas situações de vida e estas, ao contrário, sim são a causa de como nós nos sentimos. Esta é uma maneira de nos mantermos distraídos para não assumirmos a causa de todo sofrimento. A causa é a desconexão da mente de sua consciência primordial, e os efeitos já os conhecemos.

O sofrimento tem me mostrado que o único caminho verdadeiro é o amor. Não porque seja o melhor caminho ou porque os outros sejam maus, mas porque o amor é o único com sentido próprio. O amor é nosso sentido primordial; é nossa causa. Porém, acabamos chegando ao momento de desejar a morte, devido à completa desconexão com essa realidade chamada amor.

Mais uma vez, permita-me recordar que o amor não é uma sensação romântica, nem algo bom. O amor é o grande mistério de nossos tempos atuais. E devo dizer que, com frequência, sinto a surpresa de ver cientistas pesquisando em um acelerador de partículas o Bóson de Higgs, ou a também chamada partícula divina, sem investigar, dentro de si mesmos, o grande mistério da vida.

Obviamente, se a partícula de Deus existe, ela está dentro de qualquer parte da existência e isso nos inclui. Mas, curiosamente, quando a vida se transforma em nosso "acelerador pessoal", a grande maioria das pessoas aperta o botão "abortar o experimento", para que, com tanta aceleração, não se desintegre por completo e de si só sobre a partícula de Deus.

Nem todo o mundo está disposto ainda a viver sem medo. Considerando que o medo é a origem do sofrimento, nem todo mundo está disposto a viver despojado do sofrimento. Despojar-se do sofrimento e do medo é nossa tarefa atual. É uma tarefa pendente de solução para poder ver com clareza nossa verdadeira função de vida. Sem concluir essa tarefa, a pessoa não pode ver sua felicidade, nem sua capacidade de amar, devido a essa simples contradição entre duas ideias que compartem a mesma cabeça: quero deixar de sofrer e me dá medo deixar de sofrer.

Sentimos medo de parar de sofrer porque conhecemos perfeitamente como é uma vida com sofrimento, mas desconhecemos por completo como é uma vida sem ele. A vida sem sofrimento nos é totalmente desconhecida e do medo ao desconhecido surge nosso medo de não sofrer. O interessante é que o conflito entre essas duas ideias, "quero deixar de sofrer" e "me dá medo deixar de sofrer" não é visível em um primeiro momento, já que, apesar de estarem na mesma mente, acontecem em dois níveis diferentes. Nós somos muito conscientes de um deles, o mais superficial. É nesse nível superficial que gritamos desesperadamente "quero deixar de sofrer!". Por outro lado, num nível mais profundo, sussurramos temerosamente "não quero soltar o sofrimento".

Como nosso inconsciente é muito maior que o nosso consciente, os sussurros inconscientes são muito mais poderosos do que os gritos conscientes. Por isso, nossos desejos, medos e crenças inconscientes governam nossa vida frente aos desejos do consciente. Daí que você deseje ser feliz conscientemente e isso não aconteça, ou deseje conscientemente perdoar alguém e tal perdão não tenha lugar, ou ainda deseje com todas as suas forças uma Ferrari e, em contrapartida, tenha que voltar a levar seu velho carro para o conserto no mecânico.

Aí reside a importância de assumir o consciente até o mais profundo do inconsciente, lugar no que estamos decidindo ter medo ao invés de amar; lugar também onde se encontra a saída para a grande realização do ser humano, o despertar de nossa ignorância.

ASSUMIR O PASSADO

Armazenamos a dor em nossas lembranças quando não nos atrevemos a viver nosso presente.

Houve uma época de minha vida em que acreditei que o tempo curava tudo e que, quando o tempo passava, levava pessoas, situações e partes de mim. Foi um tempo em que eu acreditava que as coisas ficavam para trás para que nós as superássemos. Mas algo me mostrou que eu estava equivocado. Havia situações que se repetiam e se repetiam como se fossem o efeito de uma espécie de feitiço. Se bem que é certo que, muitas vezes, elas se repetiam de formas distintas, em contextos e pessoas diferentes, na verdade, sempre eram um eco da mesma situação. Nada ficava para trás; na realidade tudo voltava a mim sem que eu soubesse por quê.

Quando vi que o tempo não é como nós o percebemos na realidade e que ao invés de ser linear é esférico, me dei conta de que nada pode ficar para trás, nada fica superado pela graça do tempo. Por um lado, você não pode se desfazer de um instante ainda que seja passado e, por outro, na verdade, o tempo não afeta a consciência de nenhuma maneira.

Quando você conhece a forma esférica do tempo, sabe que todos os instantes acontecem simultaneamente. Na realidade, isso significa que não importa em que instante esteja, porque todos têm o mesmo valor. Seu valor é que todos eles giram ao redor do presente. Se é certo que todos os instantes de sua vida têm o mesmo valor, este em que você está lendo essas palavras tem a particularidade de ser seu instante presente.

Como todos os instantes giram ao redor do presente, isso transforma esse mesmo instante em porta de acesso a todos os instantes passados e futuros. Andar através do tempo com essa consciência desperta nos permite reconhecermo-nos íntegros e plenos em qualquer instante, seja vivido ou por viver. Presente é sinônimo de plenitude.

Quando a mente tem adormecida essa perspectiva esférica do tempo, pensamos que os momentos estão separados uns dos outros e que o que aconteceu há dois anos não tem nada a ver com esse instante e muito menos com o que você vai decidir a respeito de sua relação conjugal, daqui a três anos, dois meses e três dias.

A experiência que tivemos com nosso primeiro amor está contida em todas as outras apesar do que percebemos e do que pensamos a respeito. O que ocorre, e isso é muito significativo, é que, ao não perceber os instantes como "sempre o mesmo", pensamos que se deixamos um deles no passado, esse não nos afetará. A maioria das pessoas, equivocadamente, chama isso de "superar as situações de vida". Costumamos dizer: "Você tem que seguir em frente e superar isso".

Na verdade, o que fazemos é acumular em nossa mente momentos não íntegros ou também não integrados. Quanto mais momentos não íntegros colecionamos, menos percebemos a recordação da eternidade que se esconde por trás de nossas lembranças pessoais.

Para poder armazenar recordações separadas, temos que cobri-las de medo. Do contrário, as lembranças se restaurariam de forma natural seguindo o padrão de unidade do universo e se uniriam entre si. Dessa forma, nossa consciência reconheceria que todos os instantes vividos e por viver são o mesmo instante, mas com diferentes vestimentas e diferentes personagens. A forma de encobrir as lembranças com medo é não querer vivê-las quando estão presentes.

Em uma ocasião, conheci um homem que só tinha lembranças depois dos doze anos de idade. Ele me disse que queria lembrar, mas era óbvio que, na realidade, não queria, porque não lembrava. Se quisesse lembrar, lembraria. Depois de ouvi-lo falar várias vezes que, sim, queria lembrar, mas que não o fazia porque não podia, eu lhe perguntei porque não queria se lembrar. Desconcertado diante de minha pergunta, ele me respondeu: "Talvez você não tenha me entendido. Sim, eu quero me lembrar, mas não posso." "Por que você não quer lembrar?", lhe perguntei mais uma vez. Então, ele se deteve e parou de me responder. Depois de alguns segundos de silêncio, suspirou e respondeu: "Por medo do que eu escondo nessas lembranças".

Quando conseguiu ser honesto e assumir o instante presente no que se encontrava falando comigo, deixou de esperar que eu sacudisse minha "varinha mágica" para fazê-lo lembrar algo que, na verdade, não queria lembrar. Quando assumiu sua responsabilidade, assumiu também seu poder e pôde ver que, sim, podia lembrar, mas que sentia medo de fazê-lo.

Quando se alcança esse nível de honestidade, inicia-se um processo natural de restauração mental. A mente sempre tende à harmonia, mas, antes, a pessoa deve assumir a clareza com a qual a mente íntegra mostra as coisas.

As lembranças dessa pessoa começaram a voltar docemente à consciência. Imagens de abusos de seu irmão mais velho ocupavam agora seu presente. Por fim, ele estava disposto a assumir o ocorrido. Por fim estava recuperando uma parte de sua consciência, que havia enterrado pela dor que continha. Por fim, podia devolver à vida essa parte de si mesmo, temida durante tantos anos e que sem dar-se conta estava marcando cada passo que dava na vida. Sentiu um profundo alívio e pôde olhar seu irmão com toda sua compaixão e compreensão. Sua ferida oculta havia sido curada e o medo devolveu seu lugar para o amor.

Qualquer momento de conflito no presente está vinculado a um momento do passado que não quisemos viver ou a um futuro que não queremos repetir. Esse vínculo com o presente faz com que esse instante do passado se reflita como um espelho para o outro lado do presente, ou seja, ao futuro. Desse modo, a partir do presente recriamos o passado no futuro. Assim, construímos nossos padrões mentais que marcam nossa vida circular, repetitiva.

Como assumir o passado? Muito simples, assumindo o instante presente. Lembre-se que todos os instantes estão vinculados entre si. Quando assumir completamente um deles, estará assumindo todos. No caso de ser necessário assumir uma lembrança, não se preocupe porque aflorará no instante presente em sua consciência e de forma natural sem que você tenha que fazer nada.

Quando aprendemos a assumir o presente, o passado e o futuro colapsam e tudo se torna eterno presente. Para o ego, isso significa sua desaparição, porque depende de um passado para poder projetar-se, do presente até o futuro. O ego vê o presente com desconfiança porque significa a sua morte. Porém, no mais profundo de nossa alma, desejamos o colapso de todas as lembranças e de todos os desejos. Esse colapso é a iluminação. Nela surge a lembrança da luz de nosso ser que vive apenas no presente eterno.

Você deve saber que a primeira lembrança que esconde em sua mente é a do momento em que você decidiu desvincular-se dessa consciência universal iluminada, com a intenção de deixar de ser tudo para ser somente você. Nessas lembranças se escondem a dor e o medo mais intensos que possa chegar a imaginar.

Se fosse consciente do amor, a beleza e a paz que há por trás desse pânico e dessa dor, você se disponibilizaria a assumir completamente esse instante presente no que está agora. Graças a Deus, você sempre está no presente para poder tomar essa decisão.

VAGA-LUMES NA ESCURIDÃO

Os vaga-lumes sempre acabam aparecendo, mas você só os
verá se abrir os olhos em meio à escuridão.

Desçamos às catacumbas de nossa consciência, nas quais ninguém se atreve a entrar. Um lugar sombrio e, frequentemente, escuro. Nele, toda luz de alegria, agradecimento, paz e amor se transformam em tristeza, queixa, angústia e, definitivamente, medo. Estes últimos são os primeiros citados, mas vistos sem a luz de sua consciência, que se encontra obscurecida por suas ideias, crenças e lembranças.

Se você se encontra em um instante "catacumbas", lembre-se disso: o que está vivendo agora é como é agora. Não se supõe que nesse instante deva ser de outra forma. Lembre-se que, seja o que for que esteja vivendo está revelando seu medo, e o medo é o "elemento" que mais distorce a realidade em todo o universo. A desorientação que todos os seres humanos compartilhamos e costumamos esconder emerge como um vulcão em constante erupção. Porém, nenhuma das temíveis afirmações que sua mente faz nesse estado serve para nada.

Sabendo disso, lancemo-nos a sentir o que sentimos e a viver o que estamos vivendo agora, simplesmente porque está acontecendo. Todo esforço para rejeitar o que você está sentindo e para mudar o que está acontecendo vai doer, porque é justamente nesses instantes

145

em que é mais óbvia a necessidade de olhar a vida de frente, ao invés de fugir dela.

A solução que busca para evitar a situação presente vai gerar dor, cedo ou tarde, porque vai exigir muito esforço para que você possa se opor a seu presente. Negar o único instante no qual você existe é doloroso e não ajuda diante de um momento de profunda revisão pessoal como é o momento "catacumbas". É nesses instantes que a escuridão se faz óbvia e nos quais também se abre a possibilidade de iluminá-la e de não escondê-la novamente dentro das catacumbas, como estamos tão acostumados a fazer.

Agora busquemos clareza. Observe que sua vida está reivindicando toda sua atenção para o que deve ser atendido por você. Em outras palavras, ela está sinalizando com toda sua intenção onde se requer sua atenção. Então, é muito lógico que desmorone tudo aquilo no qual você poderia dispersar essa atenção.

É muito natural que, ao requerer um profundo olhar para dentro, sua vida se agite. É possível que perca seu trabalho ou que sua relação conjugal acabe, ou ainda que você entre em crise geral com tudo o que o cerca. E, com isso, não estou dizendo que é assim que acontece, eu não sei como acontece para você, ninguém sabe. Mas, seja como for, será natural e evidente.

Se pudéssemos ver o amor que há por trás desse poderoso chamado a nos atendermos e a nos olharmos sem nos castigar, sorriríamos e seguiríamos felizes as diretrizes naturais da vida: abrir-se a liberar o que está indo, abrir-se a receber o que está por vir. Muitas emoções, lembranças e ideias vivem presas em nossas redes neuronais esperando serem liberadas. Muitos neurônios esperam alcançar novas ideias brilhantes, ao invés de seguir dentro de um repetitivo padrão infrutífero.

Uma árvore de folhas secas se serve do vento para que agite seus galhos e, assim, ela se desprenda das folhas que já não servem mais. Ao contrário, muitas pessoas têm medo das agitações da vida porque estão tão congestionadas, emocional e mentalmente, que acreditam que não estão preparadas para essa agitação. Assim, nos cabe tratar antes essa congestão e aprender a assumir as situações que caducaram. Quando uma delas se torna altamente corrosiva, a vida para e nos ilumina como uma lanterna, com uma série de situações por meio das quais possamos ver, de forma muito clara, que algo está cheirando mal e, portanto, pode ser que algo tenha caducado.

Todos sabemos quais situações já prescreveram em nossa vida; mas preferimos revivê-las e, inclusive, em algumas ocasiões, agarrar-nos a elas com unhas e dentes por medo da sensação de nos despossarmos delas, que nos dá a verdadeira liberdade. Algumas delas cheiram mal e, ainda assim, nós nos fazemos de anósmicos[2]. Sem o mau cheiro não poderíamos localizar em que parte da geladeira está o produto vencido e não poderíamos retirá-lo de lá. Imagine se cada vez que abrisse a geladeira e sentisse o fedor, o rejeitasse fechando-a novamente para não sentir o cheiro. Você imagina a intensidade do mau odor nas próximas aberturas da porta?

Tudo acaba sendo um guia diante da nossa cegueira, mas a pessoa antes precisa perder o respeito ao medo e à insegurança para, então, poder entrar na escuridão e descobrir tudo isso que acabamos de expor. Os vaga-lumes sempre acabam aparecendo, mas você só os verá se abrir os olhos em meio à escuridão.

É necessário que o sol se ponha para podermos desfrutar das milhares de estrelas que se percebem à vista simples, em uma noite de céu limpo, e que a luz do sol antes ocultava. Se você está vivendo um "momento ocaso", não tenha medo e se despeça do sol com disposição para ver a beleza que se aproxima. Se, ao contrário, está vivendo um "momento escuridão", abra os olhos.

---

2 NT: Pessoas sem olfato.

SE SENTE MEDO, FAÇA-O CONSCIENTEMENTE

Seja honesto e sinta medo quando senti-lo, mas faça isso conscientemente porque desse modo aprenderá a senti-lo e ele não mais o governará.

Não temos motivos para sentirmos medo. Sem embargo, projetamos nosso cérebro para que ele nos proteja. Ao fazer isso, torna-se sua obsessão fundamental encontrar esses motivos pelos quais você poderia sentir-se ameaçado para, assim, poder dar uma resposta o mais rápido possível. Até aqui tudo bem, é natural.

O problema surge quando esse processo básico, que deve acontecer dentro da área reptiliana de nosso cérebro, a mais velha e elementar, passa a comandar áreas mais modernas e sofisticadas, como a área límbica (emocional) e o neocórtex (raciocínio). Quando isso acontece, começamos a sentir medo por sentir certas emoções que também fazem parte de processos naturais diante da vida, como a tristeza, a decepção, a ira e o próprio medo.

Então, os processos mentais começam a estabelecer um circuito que tenta evitar tais sentimentos e emoções com a intenção de nos proteger delas. A maneira de nos proteger é buscando a forma de fugir dele ou de atacá-lo, nunca de enfrentá-lo ou vivê-lo, porque o medo básico, processado pelo cérebro reptiliano, se baseava na sobrevivência como a estratégia mais eficiente.

Não pararmos no meio desse processo de medo-fuga ou de medo-ataque nos leva a nos habituarmos a ele e já não nos permitimos o luxo de descobrir o que há por trás do medo. Lembre-se que aqui já não falamos do medo de perder a vida. Aqui falamos do medo de sentir uma emoção ou medo que ocorra algo que ainda não está acontecendo, como por exemplo, chegar a perder o emprego.

Esse tipo de funcionamento desemboca em um tipo de comportamento que causa dor, seja a nós mesmos ou aos outros. Um exemplo poderia ser quando sentimos medo de que nosso cônjuge nos seja infiel e estamos, vinte e quatro horas por dia, por mais de dezessete anos, rastreando provas que nos demonstrem que ele nos é infiel. Isso nos leva a nos comportarmos com nosso parceiro de uma forma desconfiada, obsessiva e asfixiante, que, muito provavelmente, o empurra a buscar outra pessoa. Então, o meu neocórtex me dirá: "Aha! Viu, Sergi? Menos mau que eu esteja avisando sobre isso há dezessete anos."

Uma das coisas que esse tipo de medo cognitivo-emocional me ensinou é que ele sempre mente. Quando sinto medo, sei que estou me autoenganando. Sei que estou construindo imagens mentais que não têm nada a ver com o que realmente ocorre. Então, esse é um bom momento para que eu me sente e aprenda a sentir medo. É um bom momento para descobrir o que escondo por trás dessa situação que me leva a querer fugir de minha própria vida.

Sou consciente de que atualmente viver uma vida humana ainda é doloroso. Ainda temos tanta ignorância que faz com que situações que não compreendemos passem a ser dolorosas. Eu me refiro a situações como a morte, a solidão, a doença ou a escassez; mas isso não é o suficiente para perpetuar um hábito que somente foge e rejeita qualquer sombra com aspecto ameaçador.

O convite está feito e é claro: seja honesto e sinta medo quando o sentir, mas faça isso conscientemente porque desse modo aprenderá a senti-lo e ele não mais o comandará. Você estará reconfigurando sua arquitetura cerebral através do simples exercício de sentir a emoção que dá origem a nossa mentalidade humana: o medo.

O PRINCÍPIO DE VIDA

> Nossa consciência não nos pertence, ela pertence a sua fonte, a consciência universal.

Permitam-me escrever sobre algo que pouco se pode dizer e que, por sua vez, é raramente conhecido pela grande maioria das pessoas atualmente. Porém, é o mais fundamental, autêntico e real de qualquer forma de vida. Estou me referindo ao mais essencial em cada um de nós; ao mais belo, misterioso e incomensurável que eu conheci como ser humano: o Princípio de Vida.

Não é possível falar disso a partir de uma perspectiva verdadeira, porque nenhuma expressão ou ideia humana alcança essa possibilidade de expressão. Sim, é possível, ao invés disso, viver em sua própria pele esse *núcleo* de consciência e compartilhar, a partir desse outro nível, a experiência do *núcleo* em você.

Quando compartilhamos a experiência, o que nasce é um convite a todo ser vivente para que descubra o *núcleo* em si mesmo. Qualquer pessoa que o descubra, dedica-se a servir ao Princípio de Vida, não como um vassalo serviria a seu senhor, mas em puro agradecimento a algo que proporciona sua existência. Não são necessários rituais, nem nenhuma maneira pré-estabelecida para servir ao *núcleo*. Você já é o serviço em si mesmo, é uma expressão do Princípio de Vida.

Descobrir isso não o transforma numa pessoa melhor, nem em mais espiritual, nem em mestre ou santo. Você é o mesmo de antes, mas sabendo que sua consciência não lhe pertence, mas pertence a essa consciência universal. Imagine que está calçando sapatos azuis, mas que nunca soube disso. Ao não saber, passa toda uma vida buscando encontrar sapatos azuis. De fato, todas as suas decisões e o sentido que atribuiu a sua vida baseiam-se em encontrar, algum dia, sapatos dessa cor. Um dia, sem saber porque, seu olhar pousa, pela primeira vez, em seus pés e você se dá conta de que está calçando os sapatos azuis. Nesse momento, sua perspectiva muda, o sentido que você deu a sua vida desaparece e parece que acaba de acontecer a maior mudança da sua vida, mas, na realidade, não houve nenhuma mudança porque esses sapatos sempre estiveram nos seus pés. Você não é melhor agora, mas pode ser que já não tenha medo de andar por certos caminhos, porque agora já sabe que está usando um tipo de calçado com o qual você pode andar sem temor.

Quando você é consciente de seu Princípio de Vida, você também o vê em tudo o que percebe. É por isso que você se conhece como sendo um com tudo, porque, a partir desse nível do *núcleo*, tudo são expressões de *si mesmo*. É como olhar uma mão e saber que ela faz parte de seu corpo e, em seguida, olhar um pé e saber a mesma coisa, sem se confundir por suas distintas formas e funções. A fome, as guerras, os enganos existem porque essa consciência ainda está adormecida na maioria das pessoas.

É aí que você se dá conta de que uma pedra tem consciência. Obviamente, não uma consciência a partir da qual vá lhe apetecer um café com leite, nem tampouco vai queixar-se de estar há milhares de anos assentada no mesmo lugar. Mas sim uma consciência que lhe permite ser pedra. É a partir da consciência do *núcleo* que você também é consciente de outras formas de inteligência que até agora haviam passado desapercebidas, como a consciência de um instante, a do planeta ou a de seres conscientes que não necessitam de corpos físicos, ou a mesma consciência universal que une a todas.

Muitas religiões ou movimentos espirituais têm se apropriado dessa descoberta essencial do Ser e têm estabelecido suas próprias interpretações e vias de acesso ao núcleo com técnicas e rituais. Estas não são incorretas, mas não são a sua. A sua é sua própria vida e, se você tem clareza disso, então pode ser uma fonte de inspiração para o caminho de outros, se esses outros caminhos fazem parte de sua vida.

A maioria dessas religiões têm um personagem que acessou esse Lugar e se prestar atenção verá que esses personagens acessaram o *núcleo* sem religiões, nem técnicas e nem rituais. Eles o acessaram por meio de uma firme decisão de encontrar em suas vidas sua plenitude. As religiões e os movimentos espirituais apareceram depois deles, quando outros os viram, os escutaram e interpretaram de fora do *núcleo* seus gestos e palavras.

A verdade, a beleza e a bondade vivem dentro de um universo de consciência que o conhece infinitamente melhor do que você conhece a si mesmo. Você pode pensar que ainda é você, mas Ele sabe que você é Ele.